近畿圏版②　最新入試に対応！家庭学習に最適の問題集!!

追手門学院小学校
関西大学初等部

2022～2023年度過去問題を掲載

2024 年度版

過去問題集

合格までのステップ

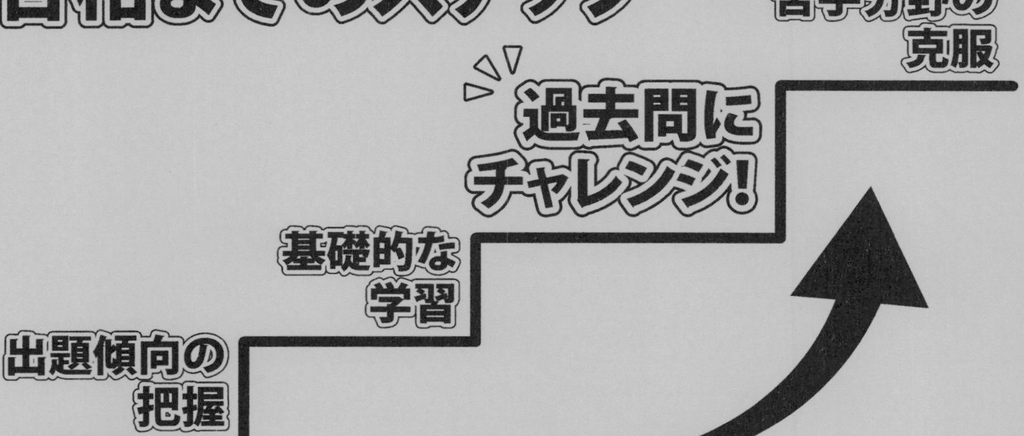

●資料提供●

くま教育センター

日本学習図書（ニチガク）

ISBN978-4-7761-5516-4

C6037 ¥2300E

定価 2,530 円

（本体 2,300 円＋税 10%）

9784776155164

1926037023005

ニチガク式学習支援!!

日本学習図書（ニチガク）

ニチガクの家庭学習支援

Web学習サポートサービス

こんなこと…ありませんか？

「ニチガクの問題集…買ったはいいけど、、、
この問題の教え方がわからない（汗）」

メールでお悩み解決します！

- ☆ホームページ内の専用フォームで必要事項を入力！
- ☆教え方に困っているニチガクの問題を教えてください！
- ☆確認終了後、具体的な指導方法をメールでご返信！
- ☆全国どこでも！ スマホでも！ ぜひご活用ください！

＜質問回答例＞

学習のポイント

推理分野の学習では、後の学習に活きる思考力を養うことができます。ご家庭で指導する場合にも、テクニックにたよらず、保護者の方が先に基本的な考え方を理解した上で、お子さまによく考えさせることを大切にして指導してください。

Q.「お子さまによく考えさせることを大切にして指導してください」と学習のポイントにありますが、考える習慣をつけさせるためには、具体的にどのようにしたらいいですか？

A. お子さまが考える時間を持てるように、質問の仕方と、タイミングに工夫をしてみてください。
たとえば、「答えはあっているけど、どうやってその答えを見つけたの」「答えは○○なんだけど、どうしてだと思う？」という感じです。はじめのうちは、「必ず 30 秒考えてから手を動かす」などのルールを決める方法もおすすめです。

まずは、ホームページへアクセスしてください!!

http://www.nichigaku.jp　日本学習図書　検索

目指せ！合格！

家庭学習ガイド
追手門学院小学校

ペーパー　口頭試問　巧緻性　行動観察　運　動　保護者面接

入試情報

募集人数：男女 約130名
応募者数：男子 95名、女子 81名
出題形態：ペーパー、個別テスト（口頭試問）
面　　接：保護者
出題領域：ペーパーテスト（記憶、数量、図形、常識、言語など）、
個別テスト（記憶、数量、図形、推理など）、巧緻性、行動観察、運動

入試対策

当校の入試は、巧緻性、行動観察、運動は例年同じ内容のものが出題されています。具体的には、姿勢（挙手、気をつけ・休め、椅子の座り方）、返事の仕方、行進、ひも結び、箸使いなどです。これらは試験課題として学習するものではなく、日常生活の中で身に付けておくべきものです。当校は、家庭でのしつけやお子さまとの関係性を重視しているため、ペーパーテストの対策だけでなく、生活体験を充実させることも必要になってきます。

●口頭試問では「お話の記憶」「見る記憶」の問題が例年出題されています。また、「数量」「図形」などの問題がペーパーテストとは異なる方法で出題されます。

●ペーパーテストは、多分野（見る記憶、数量、推理、言語など）から出題されます。基礎的な力を計る問題が多いので、落ち着いてケアレスミスのないように取り組みましょう。

●「運動」「行動観察」「巧緻性」の分野では、身体能力や器用さ以上に、協調性や生活習慣、取り組みの姿勢が評価の対象となっています。指示も細かくされるので、日頃からきちんと人の話を聞けるように心がけてください。

「追手門学院小学校」について

＜合格のためのアドバイス＞

当校の考査で大きな観点となっているのは日常生活の中で、自然と身に付いて欲しい「姿勢」です。このことは、ペーパーテストに加えて、個別テスト（口頭試問）も実施されるということからも窺えます。自分の考えを自分の言葉で伝えるためには、実体験を伴った深い理解が必要とされます。言語、数量、マナーなどは、すべて生活の中にあるものです。机上の学習だけでなく、子育ての過程において、お子さまに豊かな生活体験をさせることを意識しましょう。特に、行動観察で出題される正しい姿勢や返事の仕方、箸使いなどについては、試験のために訓練するのではなく、日常生活で自然にできるものでなければ意味がありません。繰り返しになりますが、入試全体を通して言えることとして、保護者の方の、しっかりとした教育観に基づいたしつけや、お子さまの感性の豊かさを重要視しているということです。また、当校の試験では、待ち時間にＤＶＤ鑑賞や、絵本を読んで待機するよう指示があります。課題に取り組まない時間も、常に評価されていることを忘れず、指示通り、静かに待機するようにしましょう。これらも普段の生活で身に付けておきたい「姿勢」の１つです。

〈2023 年度選考〉

◆保護者面接（考査日前に実施）
◆個別テスト：記憶、数量、図形、推理など
◆ペーパーテスト：見る記憶、数量、推理、言語など
◆巧緻性：ひも結び、箸使いなど
◆行動観察：返事、瞑想など
◆運動：行進、ボール遊びなど

◇過去の応募状況

2023 年度	男子 95 名	女子 81 名
2022 年度	男子 94 名	女子 85 名
2021 年度	男子 103 名	女子 85 名

入試のチェックポイント

◇受験番号は…「Web 出題順」
◇生まれ月の考慮…「あり」

目指せ！合格！

家庭学習ガイド
関西大学初等部

ペーパー　制　作　行動観察　親子面接

入試情報

募集人数：Ａ日程：男女 60 名（内部進学者含む）、Ｂ日程：若干名
応募者数：男女 168 名
出題形態：ペーパーテスト
面　　接：保護者・志願者
出題領域：ペーパーテスト（記憶、常識、言語、推理、図形、数量など）、
制作、行動観察

入試対策

2023 年度入試（2022 年に実施）Ａ日程は、８月下旬～９月上旬に 15 分程度の親子面接が実施され、９月中旬にペーパーテスト、制作、行動観察が実施されました。Ｂ日程は、１月中旬に親子面接、１月下旬にペーパーテスト、制作、行動観察が実施されました。ペーパーテストの内容は、記憶、常識、言語、推理、図形、数量など広範囲に渡ります。幅広い分野を学習し、当校独特の出題にも対応できる対策が必要でしょう。制作は、例年折り紙や塗り絵といった課題が出題されています。紙を折ることや、クレヨン、クーピーペンなどの文房具を扱うことに慣れておきましょう。行動観察は集団で実施されます。2023 年度入試の課題はフルーツバスケットでした。

●試験時間に対して問題数が多く、スピードと正確さが要求されます。家庭学習の際も解答時間を制限するなどの工夫をしてください。

●面接は 12 年間の一貫教育に関する質問です。例えば、進学のこと、学園全体に対することなども聞かれるため、事前の情報収集は必須です。また、15 分程度の面接時間の中で、志願者への質問が約 2/3 を占めます。

●常識分野、言語分野において、当校独特の難問が出題されます。生活に密着した問題ですから、日常生活をどのように過ごすのかも重要になってきます。

「関西大学初等部」について

〈合格のためのアドバイス〉

ペーパーテストでは、例年通り、カラープリントや電子黒板を使用した出題が行われました。記憶、常識、言語、推理、図形、数量など、広範囲に渡る分野から出題されました。当校の特徴を一言で言えば、「生活の中の学習」です。難問と呼べる出題もありますが、大抵の問題は、日頃から目にしたり耳にしたりするものから出題されています。日常生活で身に付くものが、そのまま入試対策につながると考えましょう。また、ただ身に付けるのではなく、そのことをどのように利用するのかという「応用力」も必要になってきます。

行動観察では、積極的に参加する、決められたルールを守る、他のお子さまに配慮し協力して取り組む、といった社会性や協調性を観る課題が出題されます。入学後の集団生活がスムーズに行えるかどうかが観点といえるでしょう。

面接においては、保護者の方には、お子さまとの関係性や、教育方針など一般的な質問がなされます。保護者の方への質問は約5分程度で終わり、残りの約10分は志願者への質問時間になります。お子さまの回答に対する理由まで深く聞かれますから、適切な言葉遣いや、対話力、論理的思考が必要になります。会話することに抵抗なく取り組めるよう、普段から、コミュニケーション力を育む工夫を心がけましょう。

〈2023年度選考〉

◆保護者・志願者面接（考査日前に実施）

◆ペーパーテスト：記憶、常識、言語、推理、図形、数量など

◆行動観察：フルーツバスケット

◇過去の応募状況

2023年度	男女 168名
2022年度	男女 139名
2021年度	男女 119名

入試のチェックポイント

◇生まれ月の考慮…「あり」

追手門学院小学校
関西大学初等部
過去問題集

〈はじめに〉

現在、少子化が叫ばれているにもかかわらず、私立・国立小学校の入学試験には一定の応募者があります。入試は、ただやみくもに学習するだけでは成果を得ることはできません。志望校の過去における出題傾向を研究・把握した上で、練習を進めていくこと、その上で試験までに志願者の不得意分野を克服していくことが必須条件です。そこで、本問題集は小学校を受験される方々に、志望校の出題傾向をより詳しく知って頂くために、過去に遡り出題頻度の高い問題を結集いたしました。最新のデータを含む精選された過去問題集で実力をお付けください。

また、志望校の選択には弊社発行の**「2024年度版　近畿圏・愛知県　国立・私立小学校　進学のてびき」**をぜひ参考になさってください。

〈本書ご使用方法〉

◆出題者は出題前に一度問題を通読し、出題内容などを把握した上で、〈 **準　備** 〉の欄に表記してあるものを用意してから始めてください。

◆お子さまに絵の頁を渡し、出題者が問題文を読む形式で出題してください。問題を読んだ後で、絵の頁を渡す問題もありますのでご注意ください。

◆**「分野」**は、問題の分野を表しています。弊社の問題集の分野に対応していますので、復習の際の目安にお役立てください。

◆一部の描画や工作、常識等の問題については、解答が省略されているものがあります。お子さまの答えが成り立つか、出題者が各自でご判断ください。

◆〈 **時　間** 〉につきましては、目安とお考えください。

◆**［○年度］**は、問題の出題年度です。**［2023年度］**は、「2022年の秋から冬にかけて行われた2023年度入学志望者向けの考査で出題された問題」という意味です。

◆**学習のポイント**は、指導の際にご参考にしてください。

◆**【おすすめ問題集】**は各問題の基礎力養成や実力アップにお役立てください。

〈本書ご使用にあたっての注意点〉

◆文中に **この問題の絵は縦に使用してください。** と記載してある問題の絵は縦にしてお使いください。

◆〈 **準　備** 〉の欄で、クレヨンと表記してある場合は12色程度のものを、画用紙と表記してある場合は白い画用紙をご用意ください。

◆文中に **この問題の絵はありません。** と記載してある問題には絵の頁がありませんので、ご注意ください。なお、問題の絵の右上にある番号が連番でなくても、中央下の頁番号が連番の場合は落丁ではありません。

下記一覧表の●が付いている問題は絵がありません。

問題1	問題2	問題3	問題4	問題5	問題6	問題7	問題8	問題9	問題10
●									
問題11	問題12	問題13	問題14	問題15	問題16	問題17	問題18	問題19	問題20
		●	●	●	●	●			
問題21	問題22	問題23	問題24	問題25	問題26	問題27	問題28	問題29	問題30
			●	●					
問題31	問題32	問題33	問題34	問題35	問題36	問題37	問題38	問題39	問題40
								●	
問題41	問題42	問題43	問題44	問題45	問題46	問題47	問題48		
							●		

㊢ 先輩ママたちの声！

◆実際に受験をされた方からのアドバイスです。
ぜひ参考にしてください。

追手門学院小学校

・受験当日まで楽しく勉強に取り組むことが大事だと思いました。

・知能テスト、運動テストだけでなく、生活習慣や態度も評価されるので、家庭の役割が重要だと感じます。

・思っていたよりもお昼休みが長く（約２時間）、子どもが飽きないように持っていった迷路の本が役に立ちました。

・個別テストでは見る記憶、数量、巧緻性の問題が出題されます。特に巧緻性の問題は何年も同じものが出題されています。

・規則正しい生活を送ること、お手伝いを徹底して行わせることを大切にして、勉強をしました。

関西大学初等部

・問題に写真やカラーイラストが使われているので、慣れておく必要があると感じました。

・ペーパーテストは、５色（赤、青、黄、緑、黒）のクーピーペンを使用しました。試験時間は45分程度で、試験の一部に電子黒板を使用したようです。訂正の印は＝（２本線）を使用します。

・面接では、志願者への質問の答えに対して「それはどうしてですか」という追加の質問が多かったです。質問は志願者によって異なるようです。

・ペーパーテストの内容は基本から応用まで幅広く出題され、行動観察は指示が聞けているかなども併せて観られているようでした。

〈追手門学院小学校〉

※問題を始める前に、本書冒頭の「本書ご使用方法」「本書ご使用にあたっての注意点」をご覧ください。
※本校の考査は鉛筆を使用します。間違えた場合は×で訂正し、正しい答えを書くよう指導してください。

保護者の方は、別紙の「家庭学習ガイド」「合格のためのアドバイス」を先にお読みください。
当校の対策および学習を進めていく上で役立つ内容です。ぜひご覧ください。

2023年度の最新問題

問題1　分野：面接（保護者面接）

〈準備〉　なし

〈問題〉　この問題の絵はありません。

出願時に面接日時の指定あり、試験日前に行われる。先生は２名。

【父親への質問】
・自己紹介と本校への志望動機（母親へも同様）
・小・中・高・大学出身校（母親へも同様）
・子どもが学習や友人関係の壁に当たったときの親としての関わり方
・子どもの自慢
・最近読み聞かせをされた中で最も印象に残っているのは何か
・仕事におけるモットー
・ご自身の小学校時代は、どのような子どもであったか
・将来、子どもには、どのような大人になってほしいか
・説明会、公開授業について、印象に残っていること（母親へも同様）
・休日の子どもとの過ごし方
・当校を卒業の場合、在学時の担任の先生のお名前（母親へも同様）
・当校を卒業の場合、在学中、一番印象に残っていること
・兄姉の進学先が本校でない場合、どちらに通っているか。なぜ、兄姉と同じ学校を志願しないのか

【母親への質問】
・通学経路について
・家庭教育で大事にしていること
・仕事をしている場合、子どもへの対応、日中の連絡はどうしているか
・子どもが年長になって最も成長を感じたところ
・ご自身が子どもになったと仮定し、本校に入学後、６年間でやってみたいこと
・発熱や何かあったときの子どものお迎えについて
・兄弟姉妹がいる場合、兄弟同士で過ごしているときの子どもの様子
・子どもの長所と短所
・食事のマナーについて気をつけていること
・家族での記念日の有無とその過ごし方
・私学受験を考えた時期
・本校の教育方針について

〈時間〉　15分

〈解答〉　省略

学習のポイント

当校の面接は、面接官の先生方が提出した願書を見ながら行われます。質問の量がかなり多いため、「どのようなご家庭なのか」をしっかりと把握したいという学校側の姿勢が見受けられます。質問は、ご自身について、お子さまについて、学校について、ご家庭についてなど、多岐に渡ります。日常生活や幼稚園・保育園での出来事など、お子さまから話を聞くことを日々の習慣にしましょう。お子さまの性格や日頃の行動、考え方など、さまざまなことをご家庭で共有し、お子さまへの理解度を高めてください。また、しつけや学習面など、普段から心がけていることを、どのように話すか整理しておきましょう。学校の教育方針や学習環境については、ＨＰで公開されている情報を確認したり、説明会やイベントへ積極的に参加するなどし、理解を深めておきましょう。

【おすすめ問題集】

新　小学校受験の入試面接Ｑ＆Ａ、家庭で行う面接テスト問題集、
保護者のための面接最強マニュアル

問題2　分野：お話の記憶／口頭試問

〈準備〉　鉛筆

〈問題〉　（出題の後に質問があります）

今からお話をしますから、よく聞いて質問に答えてください。

ウサギさんは、今朝とても早く目が覚めました。今日は待ちに待った幼稚園の遠足の日だからです。ウサギさんがリビングへ行くと、お母さんが朝ご飯を用意してくれていました。今日の朝ご飯は、パンと牛乳とサラダとリンゴです。朝ご飯を食べ終わったら、歯磨きをして、幼稚園の制服に着替え、お弁当を持って、お母さんと一緒に家を出ました。幼稚園に向かう途中で、同じタンポポ組のリスさんに会いました。リスさんは、水玉模様の青色のリュックサックを背負い、手にはピンク色の水筒を持っていました。ウサギさんとリスさんは、一緒に幼稚園へ行きました。幼稚園に着くと、もうすでに、たくさんのお友だちが集合していました。いよいよ、バスに乗って遠足の目的地である公園へ向かいます。公園に到着するまでの間、ウサギさんはバスの中から、外の景色を眺めていました。バスからは、パン屋、本屋、花屋が見えました。公園に着くと、ウサギさんは、リスさん、ゾウさん、イヌさん、ネコさん、クマさんと一緒にキャッチボールをして遊びました。他にも、鬼ごっこや、ブランコをして遊びました。お昼ごはんには、お母さんが作ってくれたお弁当を食べました。お弁当の中には、おにぎりが３つ、ウインナーが２つ、そら豆が４つ、卵焼きが２つ入っていました。どれもとても美味しくて、ウサギさんは幸せな気持ちになりました。帰りのバスでは、ウサギさんは疲れて眠ってしまいました。バスが幼稚園に着くと、お母さんが迎えに来てくれていました。ウサギさんは、遠足の話をお母さんにしながら、手をつないで家まで帰りました。

（問題２の絵を渡す）

①リスさんは何組ですか。正しい絵に○をつけてください。

②リスさんの持っていた荷物に○をつけてください。

③行きのバスから見えなかった建物に○をつけてください。

④ウサギさんのお弁当の中身で、２番目に多かったものに○をつけてください。

（志願者へ質問）

・遠足に行ったとき、何が１番楽しかったですか。

・家の中ですることで、何が１番好きですか。

〈時間〉　各10秒

〈解答〉　下図参照

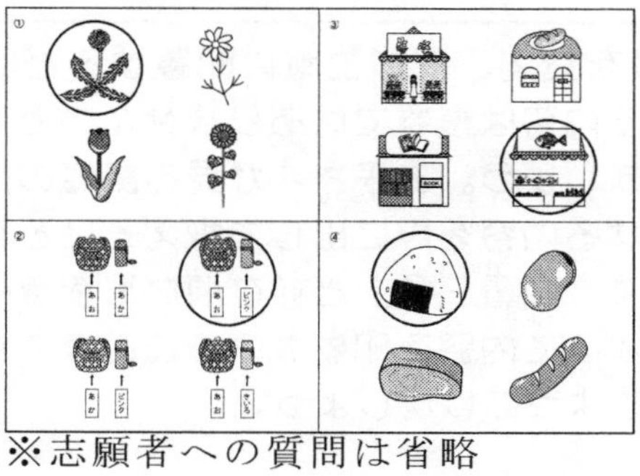

※志願者への質問は省略

学習のポイント

お話の記憶を解く力は、普段からの読み聞かせの量が比例します。お子さまはしっかりと記憶できていたでしょうか。お話自体は、それほど長いものではありませんが、記憶すべきポイントが多いため、最後まで集中して聞く必要があります。お話の記憶の問題では、１つひとつの場面をイメージしながら聞くと、登場人物の特徴や、それぞれがとった行動などが記憶しやすくなります。保護者の方は、お子さまが解答しているときの様子を観察し、しっかりと記憶できていたかをチェックしてください。もし、お子さまが当てずっぽうで解答していると感じたときは、追加で質問をすることでわかります。「ウサギさんが食べた朝ご飯は何かな」「ウサギさんが公園でした遊びは何かな」という具合に、質問を増やし、お子さまがどこまで記憶できていたかを確かめましょう。お話の記憶は自分が体験したことや、知っている内容などの場合、記憶しやすいと言われてますが、コロナ禍の生活を強いられ、生活体験量も多くなかったと思われます。普段の生活でコミュニケーションをとり、読み聞かせや、図鑑などを読むことで、記憶力と知識をしっかりと身につけるようにしましょう。

【おすすめ問題集】

１話５分の読み聞かせお話集①・②、お話の記憶問題集 初級編・中級編、
Ｊｒ・ウォッチャー19「お話の記憶」、20「見る記憶・聴く記憶」

問題３　分野：見る記憶／口頭試問

〈準備〉　鉛筆

〈問題〉　絵をよく見て覚えてください。
（問題３－１の絵を見せる）
（20秒後、問題３－１の絵を伏せ、問題３－２の絵を渡す）
今見たものと同じように、積み木に形を書いてください。

〈時間〉　30秒

〈解答〉　省略

学習のポイント

実際の試験では、色のついた積み木の並びを覚え、同じ位置に配置するという内容でした。実際の試験と本問のどちらも、記憶する内容は複雑ではありませんので、１つひとつの色や形をしっかりと見て、正確に記憶しましょう。お子さまが見る記憶の問題に苦手意識を感じていましたら、最初のうちは記憶する内容を声に出して覚えることをおすすめいたします。本問では、「二重丸、三角、黒丸、二重三角」と並び順に形を復唱します。こうすることで、自分が発するリズムや音によって内容を印象づけることができます。慣れてきたら、声を出さずに、頭の中で復唱するようにしましょう。

【おすすめ問題集】

Ｊｒ・ウォッチャー20「見る記憶・聴く記憶」

問題4　分野：数量（数える、たし算・ひき算）／口頭試問

〈準備〉　なし

〈問題〉　（問題4－1の絵を見ながら解答する）
①○はいくつありますか。
②○と△を合わせるといくつになりますか。
③☆を10こにするには、あといくつ必要ですか。
④○、△、☆の中で、１番数が多いものは何ですか。

〈時間〉　①②③④各20秒

〈解答〉　①10　②14　③1　④○

学習のポイント

本問の解き方を細かく分けると「数を数える」「比較し、正解を見つける」という作業に分けることができます。この２つの作業で、最初の「数を数える」の作業で最もミスが発生しやすくなります。原因としては、「重複して数える」「数え忘れ」が挙げられます。これらのミスを防ぐ方法には、数える順番（方向）を一定にすることです。また、数えた数を記憶する必要があります。本問は口頭試問のため、数えたものにチェックをつけることができません。また、数えたものにチェックを入れると、④の比較をするような問題で困惑します。数を数えることに慣れるために、最初のうちは数の少ないものから練習し、慣れるようにしましょう。

【おすすめ問題集】
Ｊｒ・ウォッチャー4「数える」、15「比較」、37「選んで数える」、38「たし算・ひき算１」、39「たし算・ひき算２」、

問題5　分野：図形（構成）／口頭試問

〈準備〉　鉛筆

〈問題〉　左の絵は、右の絵を重ねたものです。重なっている絵に○をつけてください。
下も同じようにやってください。

〈時間〉　１分

〈解答〉　①リンゴ、鉛筆　②カタツムリ、パイナップル、風車

学習のポイント

同図形探しをアレンジした問題になります。同じ形ではあるのですが、一方は影（シルエット）になっており、しかも重なっているため、形の一部が隠れています。そういう意味では、図形の問題ではありますが、推理の要素も含まれています。解き方としては、形の特徴をしっかりとらえて、同じものを見つけるということになります。本問では、同じような形が選択肢にないため、直感的に解くことのできる問題だと思いますが、お子さまが難しく感じているようでしたら、選択肢の形を切り取って、実際に重ねてみるとよいでしょう。パズルのような感覚で取り組むことができ、どう重なっているのかも目で見ることができるので、問題の理解を深めることができます。

【おすすめ問題集】
Ｊｒ・ウォッチャー３「パズル」、35「重ね図形」、59「欠所補完」

問題６　分野：推理（ブラックボックス）／口頭試問

〈準備〉　鉛筆

〈問題〉　この問題の絵は縦に使用してください。
（問題６－１、６－２の絵を渡す）
上の絵を見てください。左側の形をそれぞれの箱に入れると、右側の形になって出てきます。では、下の絵を見てください。左側の形を、このような順番で箱に入れると、どのような形で右側に出てきますか。当てはまるものに○をつけてください。

〈時間〉　１分

〈解答〉　下図参照

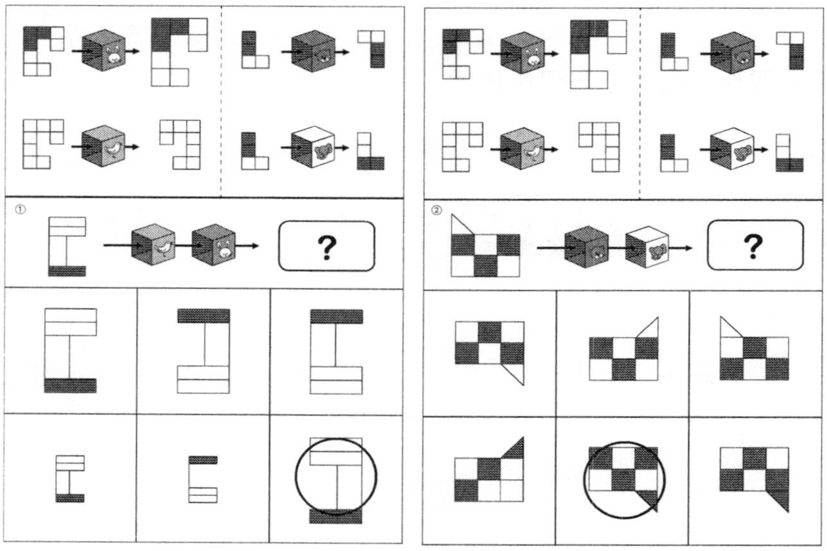

学習のポイント

まず、形がそれぞれの箱を通るとどうなるかを整理することから始めます。①ではトリとウサギの箱を通っています。トリの箱では形が左右反転、ウサギの箱では形が拡大されるため、右側には、その２つが反映された形が出てくることになります。②ではクマとゾウの箱を通っています。クマの箱では形が上下左右反転、ゾウの箱では形の色が逆になるため、右側には、その２つが反映された形が出てくることになります。このように、ブラックボックスの問題では、ぞれぞれの箱のお約束を理解し、流れを順番に考えていくことが大切です。解答を間違えてしまった場合は、解答に至るまでの、お子さまの思考回路を確認し、どの段階でミスをしたのか、保護者の方がチェックしてあげてください。

【おすすめ問題集】
Ｊｒ・ウォッチャー32「ブラックボックス」

問題７　分野：図形（構成）／口頭試問

〈準備〉　なし

〈問題〉　（問題７－１の絵をあらかじめ切り取っておく）
この問題は、切り取った３つの形を使いながら解答ができます。また、それぞれの形が重なってもよいです。

①１番長い形はどれですか。指を指して答えてください。
②１番長い形は、１番短い形のいくつ分ですか。
この問題の絵は縦に使用してください。
（問題７－２、７－３の絵を渡す）
③④それぞれの形は、どの形をいくつ使って作ることができますか。

〈時間〉　①５秒　②15秒　③30秒　④30秒

〈解答〉　①省略　②７つ分
③１番目に長い形：１つ、２番目に長い形：３つ、３番目に長い形：１つ
④１番目に長い形：１つ、２番目に長い形：３つ、３番目に長い形：２つ

学習のポイント

実際の試験では、それぞれの四角形を動かしたり重ねたりしながら解答します。②では、形同士の比較が出題されています。「ＡはＢの○こ分」という考え方ができるようにしておきましょう。③④では重ね図形が出題されています。解き方としては、元になる３種類の形の特徴を把握する、それぞれの形がいくつ重なっているか予想する、形を重ねて確かめる、という３つの段階があります。１段階目の「形の特徴を把握する」は①②で済んでいると思いますから、２段階目と３段階目を制限時間内に行う必要があります。２段階目の「予想をする」については、①②で把握した形の長さなどを元に考えるとよいです。形がどのように配置されているか、予想が難しい部分があれば、長時間悩むことはせず、３段階目の「重ねて確かめる」作業に移りましょう。実際に手を動かすことで、重なり方が理解できます。

【おすすめ問題集】
Ｊｒ・ウォッチャー54「図形の構成」

問題8　分野：記憶（見る記憶）

〈準備〉　鉛筆

〈問題〉　絵をよく見て覚えてください。
（問題8－1の絵を見せる）
（20秒後、問題8－1の絵を伏せ、問題8－2の絵を渡す）
お道具箱に片付けられていたものに○をつけてください。

〈時間〉　30秒

〈解答〉　下図参照

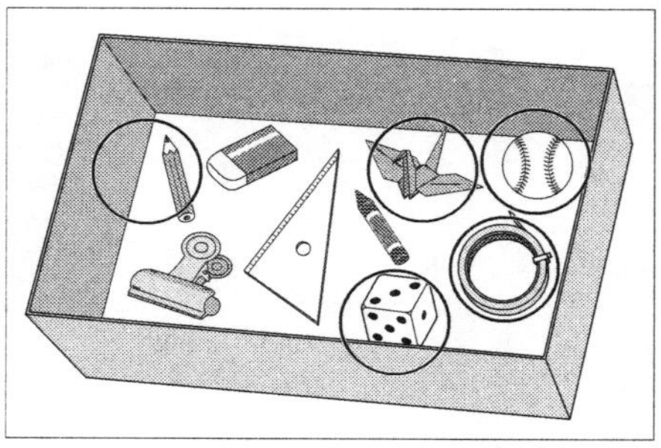

学習のポイント

問題8－1と問題8－2でお道具箱の中身が変わっているため、戸惑うかもしれませんが、記憶したものを落ち着いて探すようにしましょう。本問は、「何があるか」のみを問われており、「どこにあるか」や「いくつあるか」の記憶の必要がないため、それほど難易度は高くありません。もし本問が解けなかった場合は、記憶する要素を減らして練習したり、記憶時間を延ばしたりしながら、繰り返し学習してみてください。また、この問題では、記憶力だけでなく、巧緻性（手先の器用さ）も重要になります。お子さまが書いた○は、他の絵と被ったりせず、しっかりと1つの絵だけを囲めていますか。自分は折り鶴に○をつけたつもりでも、採点者が「クレヨンに○をつけている」と判断すれば誤答になりますから、1つひとつの解答をしっかりと書くように普段からの練習が必要です。

【おすすめ問題集】
Ｊｒ．ウォッチャー20「見る記憶・聴く記憶」、51「運筆①」、52「運筆②」

問題9　分野：図形（パズル）

〈準備〉　鉛筆

〈問題〉　左側の絵を作るには、右側の三角形がいくつ必要ですか。使う分だけ○をつけてください。下も同じようにやってください。

〈時間〉　1分

〈解答〉　①○：2つ　②○：6つ

学習のポイント

本問では、実際にパズルを使って解答することができないため、頭の中で正確にパズルをすることが必要になります。まず、お手本の形をよく観察します。次に、尖っている部分や四角い部分を三角形でどのように作れるか考えます。三角形は１つだと三角形のままですが、２つを合わせると四角になったり、３つを上下交互に合わせると台形になります。このように三角形だけで、三角形以外の形が作れることを理解しておくと、頭の中でパズルの検討が立てやすくなります。検討を立てることが難しい場合は、紙を切り取って実際にやってみましょう。いろいろな三角形の合わせ方を試してみることで、三角形以外の形の作り方を学ぶことができます。

【おすすめ問題集】
Ｊｒ．ウォッチャー３「パズル」

問題10　分野：常識（仲間外れ）

〈準 備〉　鉛筆

〈問 題〉　仲間外れのものに○をつけてください。

〈時 間〉　１分

〈解 答〉　①クジラ　②ネコ

学習のポイント

①は脚の数や、生息地が海か陸かで判断し、クジラが仲間外れになります。難易度の高くない問題ですから、確実に解答できるようにしておきましょう。また、どうしてそのように分けたのか理由も聞いてください。上述以外の理由で分け、それが納得いくようであれば正解としてください。ちなみに、クジラ、キリン、タヌキはどれも哺乳類です。哺乳類とは、卵を産まず（胎生）、肺で呼吸をする生き物のことです。クジラを魚類だと誤って覚えないように気をつけましょう。②では、干支に入っていないネコが仲間外れになります。干支の生き物は順番通りにすべて正しく答えられるようにしておきましょう。生き物の生態や干支は、図鑑を読んだり、読み聞かせをすることで知識が得られます。干支については、単純に暗記するのではなく、干支の成り立ちを描いたお話の読み聞かせをすると、流れがイメージしやすく、楽しみながら覚えることができます。

【おすすめ問題集】
Ｊｒ．ウォッチャー11「いろいろな仲間」

問題11　分野：言語（しりとり）

〈準備〉　鉛筆

〈問題〉　左の絵の最後の音を合わせてできる言葉の絵に○をつけてください。

〈時間〉　30秒

〈解答〉　①サメ　②ゴリラ

学習のポイント

描かれてある絵の名前は、すべて知っているものでしたか。もし、本問に出てくるものの名前がわからないようであれば、語彙が不足していると言わざるを得ません。言語分野の学習は、机の上でなくても、問題集がなくてもできるものです。語彙数は、日頃の生活体験が大きく関わってきます。日常のコミュニケーションを持ち、しりとりをしたり、図鑑を読んだり、絵本の読み聞かせをすることなどが、語彙を増やし、名前と物が一致する有効な方法です。語彙は、馴染みのない難しいものを教える場合もありますが、あくまでも日常生活で自然と習得できるものを学習していきましょう。日常生活の中にたくさんある学びの機会を逃さないようにしてください。

【おすすめ問題集】

Ｊｒ・ウォッチャー17「言葉遊び」、18「いろいろな言葉」、49「しりとり」、60「言葉の音（おん）」

問題12　分野：図形（点結び）

〈準備〉　鉛筆

〈問題〉　上のお手本と同じように、点と点を線で結んでください。

〈時間〉　30秒

〈解答〉　省略

学習のポイント

点図形は、運筆の基礎です。曲線、直線など、さまざまな形の点結びを毎日練習することをおすすめいたします。回転や反転などをした複雑な点図形ではないので、姿勢を正し、丁寧に取り組んでいきましょう。鉛筆の持ち方も関係してきます。左から右、上から下へ書き進めるのが基本ですが、左利きのお子さまは、右側から書き始め、書いた線がきちんと見えるように進めていくとよいでしょう。点図形は、線の書き間違えが多くなるほど、訂正の印が増え、正しい線がどれなのか、本人も採点者もわかりにくくなってしまいます。書く方向、順序を決め、しっかりと模写ができるように練習をしていきましょう。

【おすすめ問題集】

Ｊｒ・ウォッチャー1「点・線図形」、2「座標」、51「運筆①」、52「運筆②」

問題13　分野：巧緻性

〈準　備〉　箸、コップ（積み木が入る程度の大きさ）、積み木（箸でつかめる程度のもの）、子ども用の椅子、背もたれをひと回りして蝶結びができる長さのひも

〈問　題〉　この問題の絵はありません。

①ここにある積み木を、箸を使ってコップの中に移してください。終わったら、箸は元のところへ置いてください。

②このひもで椅子の背もたれに蝶結びをしてください。終わったら、休めの姿勢をして待っていてください。

〈時　間〉　各1分

〈解　答〉　省略

学習のポイント

①では、日頃からお箸を使い慣れていること、正しい箸の持ち方ができていることがポイントになります。ご家庭でお箸を使用する頻度はどれくらいでしょうか。箸使いは、お箸を使う頻度が高いほど上達します。正しい箸使いは、もののつまみやすさという機能性の他に、お子さまの品格にも関わります。箸使いは、食事をする際の重要なマナーの１つです。一朝一夕で身に付くものではありませんから、普段からしっかりと練習をしておきましょう。②の蝶結びは難易度の高い作業になります。正しい蝶結びを習得するためには、保護者の方が、お子さまの背後に回って、手を伸ばしてお手本を見せてあげるとよいでしょう。向き合った状況でお手本を示しても、お子さまからはすべてが逆の動き（鏡に映った状態と同じ）になり、更に反転させなければなりません。お子さまが理解しやすいように、同じ方向から作業してみせ、理解度のアップを図りましょう。

【おすすめ問題集】

実践　ゆびさきトレーニング①・②・③

問題14　分野：行動観察（瞑想）

〈準　備〉　子ども用の椅子

〈問　題〉　この問題の絵はありません。

椅子に座って、先生が「はい」というまで、目を閉じて座っていてください。足は床につけ、手はお膝の上に置きましょう。

〈時　間〉　1分

〈解　答〉　省略

学習のポイント

瞑想は、毎年出題されている試験です。お子さまがしっかりと指示を聞き、落ち着いた態度をとれているかが評価に繋がります。試験のために練習するのではなく、瞑想の本来の目的である「気持ちを落ち着け、気分を切り替える」ことを意識して取り組むようにしましょう。もし、お子さまが集中して取り組めない場合は、保護者の方も一緒に瞑想をしてみましょう。周囲の様子は気にせず、集中している姿を見せることも大切です。また、瞑想を家庭学習前のルーティンにすることもおすすめです。瞑想の試験対策にもなり、これから始まる学習に気持ちを向けることができます。習慣にすることで、お子さまも徐々に抵抗がなくなり、自然に取り組めるようになります。

【おすすめ問題集】
新　口頭試問・個別テスト問題集

問題15　分野：運動（行動観察）

〈準 備〉　4拍子の曲、ボール、新聞紙、コーン

〈問 題〉　この問題の絵はありません。
1グループ数人で行う。
①自分の番号が呼ばれたら、「はい」と言って、手を上に上げてください。
②「気をつけ」「休め」の合図に合わせて、その通りに動いてください。そのとき、他のグループの人は、体操座りで待っていてください。
③音楽に合わせて、その場所で行進をしてください。
④2人1組になって、ボール運びをします。新聞紙を広げ、その上にボールを置きます。新聞紙の両端を持って、新聞紙を持ち上げ、コーンを回って帰って来ます。

〈時 間〉　適宜

〈解 答〉　省略

学習のポイント

指示通りに行動し、元気よく取り組むことが重要です。①では、手はまっすぐ、高く上げ、教室にいる人全員に聞こえるくらいの声量で返事をしましょう。お子さまができていなかった場合は、「なぜ大きな声で返事をすればよいのか」「なぜ手を高く上げればよいのか」を考えさせてみましょう。相手に聞こえない声量や、低い手の上げ方をしていると、相手がどう感じるのかを理解できれば、意思表示の仕方は変わってきます。また、指示されたことに取り組む時間以外に、待ち時間も評価されていることを意識しておきましょう。待っている時間の態度・姿勢も評価の対象です。特に、早く終わったお子さまは、終わったことへの安心感や、長い待ち時間があるため、緊張感や集中力が切れ、私語やおふざけをするかもしれません。待ち時間の過ごし方についても、ご家庭で話し合っておきましょう。

【おすすめ問題集】
Ｊｒ・ウォッチャー28「運動」、29「行動観察」

問題16　分野：面接（保護者面接）

〈準 備〉　なし

〈問 題〉　この問題の絵はありません。

出願時に面接日時の指定あり、試験日前に行われる。先生は２名。

【父親への質問】
・自己紹介と本校への志望動機（母親へも同様）
・子どもと本校の方針の合う点
・コロナ禍において、家庭での子どもとの過ごし方（母親へも同様）
・家庭教育におけるしつけについて
・小・中・高・大学出身校（母親へも同様）
・仕事における理念
・ご自身の小学校時代は、どのような子どもであったか
・将来、子どもには、どのような大人になってほしいか
・説明会、公開授業について、印象に残っていること（母親へも同様）
・休日の子どもとの過ごし方
・当校を卒業の場合、在学時の担任の先生のお名前（母親へも同様）
・当校を卒業の場合、在学中、一番印象に残っていること
・なぜ、兄姉と同じ学校を志願しないのか（兄姉の進学先が本校でない場合）

【母親への質問】
・通学経路
・家庭教育で大事にしていること
・仕事をしている場合、子どもへの対応、日中の連絡はどうしているか
・年長になって成長したところ
・ご自身が子どもになったと仮定し、本校に入学後、６年間でやってみたいこと
・発熱や何かあったときの子どものお迎えについて
・兄弟姉妹がいる場合、兄弟同士で過ごしているときの様子
・お子さんの長所と短所
・食事のマナーについて気をつけていること
・家族での記念日の有無とその過ごし方
・私学受験を考えた時期
・本校の教育方針について

〈時 間〉　15分

〈解 答〉　省略

学習のポイント

コロナ禍のため、検温が行われました。慌てないためにも、検温は、しっかりやって出かけるとよいでしょう。面接では、願書を見ながら質問をされたようです。願書は、必ずコピーをとっておくことが賢明です。日頃、どのような考えを持ち、どのように実行しているか、日々の生活の大切さをどう自覚しているのかを観察しているのでしょう。お子さまが生徒として入学した後、のびしろを多くもっているかどうかは、家庭教育によるところが大きな位置を占めています。本校の教育目標を理解した上で、面接に臨むようにしましょう。面接は、終始穏やかに行われたようです。最後に学校側から、「試験までわずかですが、体調を崩さず頑張って、春に会えることを楽しみにしています」と思いやりの声掛けがされたようです。

【おすすめ問題集】
新　小学校受験の入試面接Ｑ＆Ａ、保護者のための入試面接最強マニュアル

問題17　分野：お話の記憶／（口頭試問）

〈準 備〉　なし

〈問 題〉　この問題の絵はありません。

（出題の前に質問があります）
・今日は、誰と来ましたか。
・今からお話をしますから、よく聞いて質問に答えてください。

今日は、家族で遠足の日です。お母さんは、朝からみんなの好きなお弁当を作ってくれました。ブロッコリーのチーズ炒め、卵焼き、タコさんの形をしたウインナー、鶏の唐揚げ、おにぎりの入ったお弁当を持ち、お父さんが運転する自動車に乗って、動物園へ向かって出発です。動物園に着くと、ヒロシ君は、いちばん見たかったパンダを最初に見ました。次に見たのは、ライオンです。ライオンは、気持ちよさそうに日陰で寝ていました。動物園内のあちらこちらにきれいなヒマワリの花が咲いていました。お姉さんは、ヒマワリと同じ色の半袖のTシャツ、ジーンズの長ズボン、スニーカーを履いています。ヒロシ君は、半ズボン、しましまのTシャツ、帽子をかぶり、スニーカーを履いています。おかあさんが「お昼にしましょう」と言って、動物園の中にある公園で、おいしそうなお弁当を広げました。それぞれがいちばん多く食べたものは、ヒロシ君は唐揚げを４個、お父さんはブロッコリーを５個、お姉さんは卵焼きを３切れ、お母さんは唐揚げを３個でした。ヒロシ君はお腹がいっぱいになり、卵焼きは１切れも食べることができませんでした。とても広い動物園なので、全部見ることはできませんでした。帰りの車の中では、ヒロシ君やお姉さんは、ぐっすり眠ってしまいました。

①お姉さんは、どのような服を着ていましたか。お話してください。
②おかずの中で、いちばん多く食べられたものは何でしたか。お話してください。
③ヒロシ君が一つも食べなかったものは、何でしたか。お話してください。
④このお話の季節はいつですか。お話してください。どうしてそう思うのですか。

〈時 間〉　１分

〈解 答〉　①黄色の半袖のＴシャツ、ジーンズの長ズボン、スニーカー
②唐揚げ　③卵焼き
④理由：（例）「夏です。動物園できれいなヒマワリが咲いていたからです」

学習のポイント

順番が来るまで、指定された教室で、椅子にかけて絵本などを読みながら待機し、呼ばれたら、口頭試問を受ける会場で質問をされたようです。このように緊張した中で、精神的に押しつぶされないようにするためには、もちろん性格もありますが、日頃の生活が大きく関係してきます。保護者の方は、お子さまが自分の考えを言う機会を、日常生活でたくさん設けてあげるようにしましょう。また、口頭試問は、解答だけでなく、コミュニケーション力や態度も観られていることを意識しましょう。相手に聞こえる声量で、はきはきと返事や解答をする、目を見て話すことなどが大切です。試験官の先生は、友達ではありません。適切な言葉遣いで受け答えができるよう、練習しておきましょう。

【おすすめ問題集】
１話５分の読み聞かせお話集①・②、お話の記憶問題集　初級編・中級編、
Ｊｒ・ウォッチャー19「お話の記憶」、20「見る記憶・聴く記憶」

問題18　分野：数量（数える）／（口頭試問）

〈準備〉　鉛筆

〈問題〉　絵をよく見て答えてください。
①メロンはいくつありますか。
②バナナとメロンを合わせると何個になるでしょうか。
③モモとメロンではどちらが何個多いでしょうか。
④ミカンを10個にするには、あと何個あればよいでしょうか。
⑤モモとメロンをそれぞれ1個ずつ1枚の皿にのせるには、皿は何枚必要ですか。

〈時間〉　①20秒　②③④⑤各30秒

〈解答〉　①5個　②12個　③モモが4個多い　④3個　⑤5枚

学習のポイント

果物以外に○や△などの形もあるため、目移りして数えにくい問題です。ペーパーテストと異なり、チェックを付けながら数えることができないため、数えたものと数えてないものの区別を頭の中でしっかりとしておく必要があります。このような問題を解くときは、数える方向を一定にするようにしましょう。行や列を意識して数えることで、数え忘れや重複して数えることを防ぐことができます。お子さまが苦手意識を持たれているようでしたら、最初は数や種類の少ない問題から取り組むようにしましょう。また、制限時間も長めに設定し、「焦らずに落ち着いて数えてみよう」と声かけをしてから始めましょう。お子さまが慣れてきたら、徐々に問題の難易度を上げていきます。

【おすすめ問題集】
Ｊｒ・ウォッチャー14「数える」、37「選んで数える」、38「たし算・ひき算１」、39「たし算・ひき算２」

問題19　分野：図形（展開図形）／（口頭試問）

〈準備〉　鉛筆

〈問題〉　左側の絵を見てください。折り紙を三角形になるように一回折り、点線のところを切ってから、もう一度広げたとき、どのような形になるでしょうか。右側の絵の中から選んで○をつけてください。

〈時間〉　1分

〈解答〉　①左から2番目　②左端　③右から2番目　④右端

学習のポイント

図形の問題は、具体物を使用して学ぶことが大切です。実際に、お子さま自ら手を動かし、形を作ることによって、切り方がどのように完成図と対応するのかを理解することができます。もちろん、理屈として考えても答えは出るのですが、小学校受験においてそうした解き方はあまり意味がありません。ここでは、図形問題を通して、折り紙を折ったり、切ったり、開いたりした「経験」を観ているのです。こうした経験は学習の基礎になります。小学校受験のためだけでなく、小学校入学後にも活きる力になってくるので、ペーパー学習だけでなく、「もの」を使った基礎学習も大切にしてください。

【おすすめ問題集】
Ｊｒ・ウォッチャー５「回転・展開」

問題20　分野：言語（推理・クイズ）／（口頭試問）

〈準備〉　なし

〈問題〉　今から３つヒントを言います。それは何なのか当ててください。
①誕生日、ろうそく、甘いもの。それは何でしょうか。当ててください。
②外側は緑色、切ると赤色、その中に黒い小さなものが入っています。それは何でしょうか。
③（問題20にある「ミカン」の絵を見せる）これが何かわかるように３つのヒントを出してください。
④（問題20にある「トマト」の絵を見せる）これが何かわかるように３つのヒントを出してください。

〈時間〉　①②各15秒　③④各１分

〈解答〉　①ケーキ　②スイカ　③④省略

学習のポイント

①②は解答の選択肢がないため、ヒントだけで解答を推理する必要があります。基本的な知識があれば解ける難易度の高くない問題です。①②の逆の問いが③④になりますが、ミカンとトマトについての知識がなければ戸惑ってしまいます。野菜や果物であれば、旬の季節があります。しかし、ハウス栽培されているものや輸入されたものが、今は多く出回っており、年間を通して店頭に並んでいます。トマトなどは、色の種類も豊富にあります。図鑑を読み、正しい知識を把握しておくとよいでしょう。このような問題を練習する機会は、日常生活にたくさんあります。例えば、お子さまと一緒にスーパーに買い物に行った際、①②のようなクイズ形式で、買うものについてお子さまに尋ねることで、一般常識的な知識や語彙を養うことができます。お子さまが思考する機会を工夫して設けるようにしましょう。

【おすすめ問題集】
Ｊｒ・ウォッチャー８「いろいろな言葉」、21「お話作り」、33「季節」

問題21　分野：推理（ブラックボックス）／（口頭試問）

〈準備〉　なし

〈問題〉　上の絵を見てください。それぞれトンネルを通ると数や品物が変わって出てきます。では、下の絵を見てください。それぞれ何がいくつになって出てくるでしょうか。答えてください。

〈時間〉　3分

〈解答〉　①バナナ1つ　②リンゴ2つ　③バナナ6つ

学習のポイント

条件をしっかり把握することが大切です。上に描かれている条件は、丸いトンネルを通ると、リンゴはバナナに、バナナはリンゴに変わります。四角いトンネルを通ると、リンゴは数が1つ減り、バナナをは数が1つ増えます。このように1つずつ条件を整理し、条件と問題を照らし合わせながら考えていきます。この問題も口頭試問ですから、筆記具はありません。初めは時間がかかっても、自力で答えを出すことが成長を促していきますから、諦めずに取り組みましょう。お子さまが行き詰まったときは、保護者の方も一緒になって、条件を整理するところから始めてください。お子さまがどこを難しく感じているのか把握し、落ち着いて考えれば正解に辿り着けるということに気づかせてあげましょう。

【おすすめ問題集】
Jr・ウォッチャー31「推理思考」、32「ブラックボックス」

問題22　分野：記憶（見る記憶）

〈準備〉　鉛筆

〈問題〉　絵を見て覚えてください。
（問題22-1の絵を見せる）
（20秒後、問題22-1の絵を伏せ、問題22-2の絵を渡す）
では、今見た絵で、黒い部分には、何が描いてありましたか。右から探して○をつけてください。

〈時間〉　1分

〈解答〉　①○　②自転車　③魚、□

学習のポイント

解答時間が長く設定されているため、細かい部分までしっかりと記憶できるようにしましょう。この問題では、「何があるか」と「どこにあるか」の2点の記憶が必要です。お子さまが苦手に感じているようであれば、全体を見たり、細かく見たりといった形でお子さまの覚えやすい方法を一緒に探してください。その中でも形を覚えるのが苦手なのか、数を覚えるのが苦手なのか、お子さまは何ができて何ができないのかを保護者の方がしっかりと掴んでおきましょう。また、学習をしているとき、お子さまがヤマを張って記憶していると感じたときなどは「傘はどこにあった？」「星はどこにあった？」と問題をアレンジしてみるのもおすすめです。記憶力を身につけるための近道はありません。問題に慣れるためには、少しずつ練習を重ねることが大切です。

【おすすめ問題集】
Jr・ウォッチャー20「見る記憶・聴く記憶」

問題23　分野：数量（構成）

〈準　備〉　鉛筆

〈問　題〉　左側の積み木の数と、同じ数で同じ形にするには、右側にある積み木のどれとどれを組み合わせればよいでしょうか。その形に、○をつけてください。

〈時　間〉　２分

〈解　答〉　①左端と右端　②左端と右から２番目　③左から２番目と右端

学習のポイント

解き方として、左側の積み木の数を数えて、足してその合計数になるパーツ２つを右側から選ぶという方法があります。しかし、この方法は、すべての積み木の数を数え、さらにたし算をすることになるため、時間がかかる上に複雑です。別の解き方として、右側の４つの形を作るために基準の形を切って考える方法があります。例えば、②では右側の左端の形を作るためには、左側の形を横に切ります。すると、切ったもう１つの形が、右から２番目の形になり、正解の２つが見つけられます。右側の形を元に、左側の形の構成を考えていくと、４つの選択肢すべてを検証する必要がなくなるため、正確かつスピーディーに解くことができます。

【おすすめ問題集】
Ｊｒ・ウォッチャー45「図形分割」、54「図形の構成」

問題24　分野：運動（行動観察）

〈準　備〉　ボール、４拍子の曲

〈問　題〉　この問題の絵はありません。
数人で行う。
①自分の番号が呼ばらたら、「はい」と言って、手を上に上げてください。
②「気をつけ」「休め」の合図に合わせて、その通りに動いてください。そのとき、他の人は、体操座りで待っていてください。
③音楽に合わせて、その場所で行進をしてください。
④片足を上げたまま、ボールを上に上げます。ボールを上に上げたときに、手を１回叩いて、ボールを取ってください。これを３回繰り返してやってください。失敗したら、その場で待っていてください。ボールは、こちらで取って渡します。
⑤ジャンプをします。ジャンプをしながら、２回手を叩いてください。

〈時　間〉　適宜

〈解　答〉　省略

学習のポイント

運動の試験では、年相応の体力の有無や、集中力、課題に対する積極的な姿勢、待機時間の様子などが観られています。本問のような基本的で難易度の高くない課題が出されるため、運動能力や体力については、ボールの扱いに慣れておくことや、ジャンプや行進ができれば問題はありません。集中力や姿勢については、課題が何種類かある中で、失敗した課題があったとしても落ち込まず、気持ちを切り替えて最後まで臨むことがポイントになります。試験は総合的に評価されるものですから、１つの失敗に気を取られて、他の課題にも影響が出てしまうとよくないです。常にポジティブな気持ちで取り組むことを意識しましょう。待機時間は緊張が緩み、つい動いたり、お喋りをしてしまうことがあります。他のお友だちだけでなく、自分も試験時間であることを忘れず、指示通りに待機するようにしましょう。

【おすすめ問題集】
Ｊｒ・ウォッチャー29「行動観察」、30「生活習慣」

家庭学習のコツ①　「先輩ママのアドバイス」を読みましょう！

本書冒頭の「先輩ママのアドバイス」には、実際に試験を経験された方の貴重なお話が掲載されています。対策学習への取り組み方だけでなく、試験場の雰囲気や会場での過ごし方、お子さまの健康管理、家庭学習の方法など、さまざまなことがらについてのアドバイスもあります。先輩ママの体験談、アドバイスに学び、ステップアップを図りましょう！

〈関西大学初等部〉

※問題を始める前に、本書冒頭の「本書ご使用方法」「本書ご使用にあたっての注意点」をご覧ください。
※本校の考査は鉛筆を使用します。間違えた場合は×で訂正し、正しい答えを書くよう指導してください。

保護者の方は、別紙の「家庭学習ガイド」「合格のためのアドバイス」を先にお読みください。
当校の対策および学習を進めていく上で役立つ内容です。ぜひご覧ください。

2023年度の最新問題

問題25　分野：面接（親子面接）

〈準備〉　なし

〈問題〉　この問題の絵はありません。

出願時に面接日時の指定あり。試験日以前に行われる。先生は２名。保護者（２名以内）と志願者で実施。

【保護者への質問】
・自己紹介
・志望動機
・保護者へ家庭の教育方針について
・子どもの長所と短所
・オープンスクールに参加して印象に残ったこと
・子どもが当校に向いていると思う点
・子どもの自慢できるところ、実際に子どもを褒めてください
・家庭での兄弟姉妹の関係について
・上の子どもとの違いについて
・休みの日の子どもとの過ごし方

【志願者への質問】
・園の先生の名前と、どのような先生か。叱られたことはあるか
・お友だちの名前と、何をして遊ぶか
・幼稚園の中と外で何をして遊ぶか
・家族で何をして遊ぶか
・普段はどんなお手伝いをしているか
・朝ご飯を食べてきたか、誰が作るのか、父親は作るのか、好きな料理のベスト３は何か、料理の手伝いをすることはあるか
・将来の夢と、その理由
・１年生なったらやりたいこと

〈時間〉　15分

〈解答〉　省略

学習のポイント

当校は親子面接を実施しています。面接日は試験日の１～３週間前に行われます。面接時間は約15分で、質問は保護者に３割、志願者に７割といったところです。お子さまへの質問は、一問一答ではなく、質問の答えに対する理由まで聞かれます。例えば、「好きな料理ベスト３は何ですか？」と質問があり、回答すると「それはなぜですか？」と聞かれます。お子さまのコミュニケーション力や、論理的思考が観られているため、お子さまは、自分の言葉で、自分の考えを伝えられるようにしておく必要があります。普段から、保護者の方はお子さまのとった行動について理由をしっかり聞くようにしておきましょう。そうすることでお子さまは自分の意見・理由を言うことが自然とできるようになります。保護者の方への質問は特に父親・母親に対してというものはありませんが、今一度お互いの教育観などを共有し合い、考え方に大きな違いがないよう対策を取っておきましょう。

【おすすめ問題集】

新　小学校受験の入試面接Ｑ＆Ａ、保護者のための入試面接最強マニュアル

問題26　分野：言語／常識

〈準備〉　クーピーペン（赤・青・黄・緑・黒）

〈問題〉　①上の段の左側を見てください。矢印のように言葉がつながるには、□に何を入れればよいでしょうか。右側から探して赤色で○をつけてください。
②名前の中に、同じ仲間の言葉が入っていない仲間外れものがあります。探して赤色で○をつけてください。

〈時間〉　各30秒

〈解答〉　①イス　②団子

学習のポイント

当校のペーパーテストでは、５色のクーピーペンを使用します。問題ごとに指定される色が異なるため、指示をしっかり聞いて、正しい色で解答するようにしましょう。色を間違えないためにも、指示があった後、すぐにその色のクーピーペンを手に持つことをおすすめいたします。クーピーペンを持っていなかったら、解答を考えている間に指示された色を忘れてしまうかもしれないからです。本問ですが、②の仲間外れは見つけることができましたか。ケーキ、チョコレート、ドーナツは、名前に長音（伸ばす音）が含まれるため、長音のない団子が仲間外れとなります。言葉の音の種類は、他にも撥音、濁音、半濁音、拗音、促音などがあります。言葉を覚える際に、このような音を意識して集めてみることも、語彙の獲得や理解に役立ちます。

【おすすめ問題集】

Ｊｒ・ウォッチャー17「言葉の音遊び」、18「いろいろな言葉」、49「しりとり」、60「言葉の音（おん）」

問題27　分野：記憶（聞く記憶）

〈準 備〉　クーピーペン（赤・青・黄・緑・黒）

〈問 題〉　今からお話をします。

上にはおひさま、その横には雲が2つ、おひさまの下にはチューリップ、その左には木がある絵を描きました。

・今のお話に合う絵を探して赤色で○をつけてください。

〈時 間〉　10秒

〈解 答〉　右上

学習のポイント

短いお話ですから、その場面を正確にイメージして解答するようにしましょう。お話に出てくる要素を思い浮かべるだけでなく、その情景を頭の中で描かなければ、位置関係や数を間違えてしまいます。４つの絵から選択する問題のため、保護者の方は、お子さまがきちんと記憶して解答しているのか、当てずっぽうで解答しているのかを見極めてください。もし、当てずっぽうで解答していたら、選択肢から解答を選ぶのではなく、実際にお話の絵を描かせてみることをおすすめいたしします。絵を描くには、正確な記憶が必要です。描けなかったとき、お子さまは記憶することの重要性を理解することができます。このような絵を描く練習で、問題を解くのに必要なイメージ力は鍛えられます。

【おすすめ問題集】
Ｊｒ・ウォッチャー20「見る記憶・聴く記憶」

問題28　分野：お話の記憶

〈準　備〉　クーピーペン（赤・青・黄・緑・黒）

〈問　題〉　今からお話をします。終わったらあとの質問に答えてください。

今日は日曜日でみんながお休みだというのに、朝から雨が降っていて外で遊ぶことができません。りょうたくんは家の中での遊びを考えています。初めはプラレールで遊ぼうと思い、箱からプラレールの遊び道具を出してきました。線路をつないでいるとお父さんと弟のこうたくんが来て、「りょうたくん、お父さんとこうたくんも一緒に遊んでもいいかな」と言いました。初めはお父さんだけならいいけど、こうたくんは小さくて遊び方が分からないのでいやだなと思いましたが、「いいよ」と言いました。お父さんがつないだ線路はとても面白く、今度からこのようにつなごうと思いました。弟のこうたくんは、邪魔することなくお父さんがこうたくんのためにつないだ線路で夢中になって遊んでいたからです。しばらく遊んでから、今度はドミノ倒しをしましたが、こうたくんがすぐに倒してしまうのでやめました。おやつを食べてからパズルをやりました。パズルの絵が完成すると見事な機関車が見られます。これはりょうたくんだけでやり始めました。まもなく完成すると思ってワクワクしながらやっていたところへ、こうたくんが来て「あっ、機関車だ」といって機関車を取ろうとして崩してしまいました。時間をかけて楽しみに作っていたりょうたくんはショックでしょんぼりしました。しょんぼりしていると、お父さんに「雨が止んだから、散歩でもしようか」と誘われました。公園に行ってみると雨が降った後で、遊具は滑って危険だし、砂場は濡れていて使えませんでした。「ブランコは大丈夫だよ。」と先に来ていたお友だちが教えてくれたので、ブランコで遊びました。お父さんとこうたくんは公園を走り回っていました。

（問題28－１、28－２の絵を渡す）

①今日の朝のお天気はどのような天気でしたか。赤色で○をつけてください。
②りょうたくんが家で２番目に遊んだものは何でしたか。赤色で○をつけてください。
③りょうたくんが公園で遊んだものに赤い色で○をつけてください。
④りょうたくんの作っていたパズルはどれですか。赤色で○をつけてください。
⑤こうたくんにパズルを壊されたときのりょうたくんの顔はどんな顔だったと思いますか。その顔に赤色で○をつけてください。

〈時　間〉　各15秒

〈解　答〉　①右端　②右端　③右から２番目　④左から２番目　⑤左端

学習のポイント

「お話の記憶」の問題を解くには、記憶力は勿論、語彙力、集中力、理解力、想像力の力が必要になります。「お話の記憶」の問題を解く方法として、お話全体をイメージ化し、後から振り返ります。そのためには、お話をしっかりと聴き、記憶しなければなりません。保護者の方は、お子さまに状況を作ってあげるとよいでしょう。例えば、お話を読む前に「今日の朝ご飯は何を食べた？」「朝ご飯を食べた後は何をした？」など、お子さまがしたことを質問します。質問されたお子さまは、朝したことを頭の中で思い出しながら答えます。この質問をしたあと、「今からお話を読むから、今と同じように頭の中にお話を思い描いてみて」と声をかけてからお話を読み始めます。「今と同じように」と言われることで、お子さまは、朝ご飯を思い浮かべたときと同じように頭の中で思い出しながらお話をイメージ化しようとします。この学習は効果が上がりますので、試してください。

【おすすめ問題集】
１話５分の読み聞かせお話集①・②、お話の記憶　初級編・中級編、
Ｊｒ・ウォッチャー12「日常生活」、19「お話の記憶」

問題29　分野：数量（数の違い）

〈準備〉　クーピーペン（赤・青・黄・緑・黒）

〈問題〉　上と下の２つの絵で、どちらがいくつ余るでしょうか。余る方の絵に余る数だけ右側に緑色で○を書いてください。

〈時間〉　30秒

〈解答〉　①チューリップに○３つ　②皿に○１つ

学習のポイント

この問題は、基本的な数量概念があるかどうかを観ているものです。数える数も多くないため、難易度は高くありません。ですから、解答時間も短く設定されているものと思われます。数を数える際は、２つの絵でペアをつくり、チェックをつけていく方法をおすすめいたします。例えば、①では花瓶１つとチューリップ１本を１ペアとして考え、ペアができたらチェックをつけて消していきます。すると、数が多い方が余り、その絵にはチェックがつきません。このチェックがつかなかった絵が答えになります。また、解答する際は、○の書き方にも注意が必要です。「余る方の絵に余る数だけ○を書く」とありますから、間違って、「足りない方に足りない数だけ○を書く」ということをしないよう気をつけましょう。

【おすすめ問題集】
Ｊｒ・ウォッチャー14「数える」、38「たし算・ひき算１」、39「たし算・ひき算２」

問題30　分野：図形（積み木）

〈準備〉　クーピーペン（赤・青・黄・緑・黒）

〈問題〉　下に積んである積み木をある方向から見ると、上の形に見えました。下のどの積み木を見たのでしょうか。その積み木に青色で○をつけてください。

〈時間〉　20秒

〈解答〉　右端

学習のポイント

積み木をどこから見たのか教えられていないため、下の４つの選択肢の中から、お手本のように見える方向を探さなければいけません。お子さまがイメージすることが難しい場合は、実際に積み木を使って確かめてみることをおすすめいたします。積み木をいくつ使うと同じ形になるのか、それぞれの方向から見るとどのように違って見えるのか、立体が平面に見えるにはどこから見ればよいのか、積まれた積み木が他の積み木で隠れて見えなくなることはあるのかなどを確認しましょう。このとき、保護者の方は、お子さまがたくさんの発見を得られるように、道筋をさりげなく示してあげることが役目になります。ですから、お子さまが観察している様子を見守るだけにし、答えを教えないようにしましょう。質問を投げかけ、お子さまが思考する機会を設けることが大切です。

【おすすめ問題集】
Ｊｒ・ウォッチャー16「積み木」

問題31　分野：図形（回転図形）

〈準 備〉　クーピーペン（赤・青・黄・緑・黒）

〈問 題〉　左側の形を矢印の方へ１回倒したとき、中の模様はどうなるでしょうか。右側から探して青色で○を付けてください。

〈時 間〉　各20秒

〈解 答〉　①右から２番目　②左から２番目　③左端　④右端

学習のポイント

回転図形の考え方は、まず、矢印の方向に１回転した場合、どの辺が下になるかを考えます。左側の基準の形の底辺が、回転することにより変わっていくことの理解が必要です。折り紙などを使い、４つの辺を色別に塗って、回転していくときの様子を実際に確認していきましょう。回転した後、底辺が変わると、中の模様や線の位置も追随して変化したように見えていきますので、各辺の方向を考えながら理論立てて理解することができるよう、簡単な問題から取り組んでいくことをおすすめいたします。すぐに解答が見つからない場合は、４つの選択肢があるので、消去法で考えることもできます。例えば、④では右側の選択肢の中で、左端と左から２番目の形の中の線が、左側の基準の形と比べて１本少ないです。回転を考える前に選択肢を消すと、ミスも減り、時間短縮にもなります。

【おすすめ問題集】
Ｊｒ・ウォッチャー５「回転・展開」、46「回転図形」、47「座標の移動」

問題32　分野：図形（展開・重ね図形）

〈準 備〉　クーピーペン（赤・青・黄・緑・黒）

〈問 題〉　透明の紙に書かれた左側の形を、真ん中の点線のところで右の方へ折って重ねます。重ねたときにできる模様を、右側の形に緑色で書いてください。

〈時 間〉　１分

〈解 答〉　下図参照

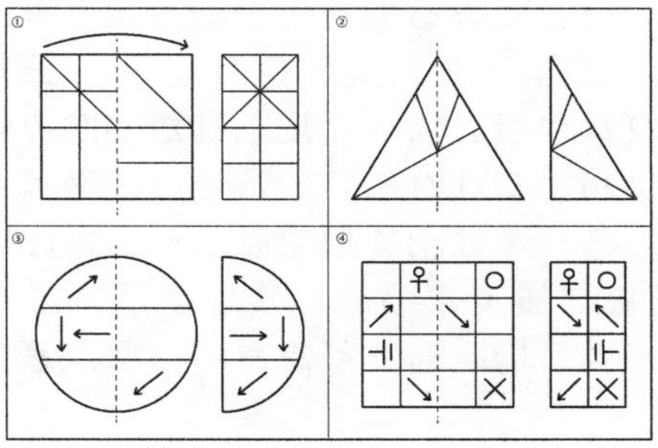

学習のポイント

折って重ねるため、点線より左側の形の位置が左右逆になります。このような問題は、実際に紙やクリアファイルに絵を書いて、折る作業してみると、絵の位置関係や反転したときの見た目が理解しやすくなります。また、点線に合わせて鏡を立て、反転した見た目を確認する方法もあります。お子さまが理解しやすい方法で観察しながら、重なり方を落ち着いて確かめていきましょう。このような問題に苦手意識を持たれているお子さまには、まず具体物を使って位置関係を把握させることから始めます。それが理解できたら、頭の中で図形をイメージする段階に移行します。

【おすすめ問題集】
Ｊｒ・ウォッチャー35「重ね図形」

問題33　分野：系列

〈準　備〉　クーピーペン（赤・青・黄・緑・黒）

〈問　題〉　ここに並んでいる模様は、約束に従って並んでいます。何も書かれていないところにはどの模様が入るでしょうか。空いているところにその形を赤色で書いてください。

〈時　間〉　40秒

〈解　答〉　下図参照

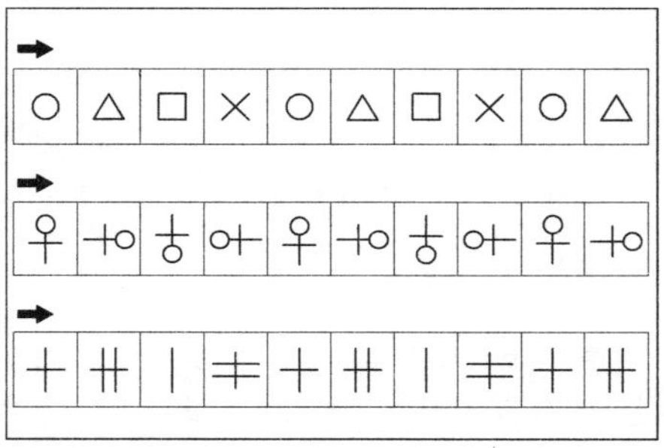

学習のポイント

系列を完成させるには、どのような約束事で絵が並んでいるかを左右の配列から推理・思考することが必要です。はじめのうちは声に出してみるのも１つの方法です。上段の問題であれば、「丸、（　）、四角、バツ、丸、三角、（　）、（　）、丸、三角」と言葉にすることで、並び方が整理でき、また、リズムや音によって規則性がつかみやすくなります。実際の試験では声を出すことはできません。ですからこの方法は、あくまでも慣れないうちの練習と考えてください。慣れてきたら、声に出すのではなく、頭の中で行うようにしましょう。また、記号を描くときは正確に書くようにしましょう。ポイントとしては、頂点のある形は、頂点をしっかりと書くよう指導してください。採点者が一目でわかるような解答を意識しましょう。

【おすすめ問題集】
Ｊｒ・ウォッチャー６「系列」

問題34　分野：常識（日常生活）

〈準備〉　クーピーペン（赤・青・黄・緑・黒）

〈問題〉　①右側に棚があり注意をして歩くように言われました。注意を守って歩いている人に青色で○をつけてください。
②正しいハサミの持ち方をしているのはどれでしょうか。青色で○をつけてください。

〈時間〉　各15秒

〈解答〉　①左端　②右から2番目

学習のポイント

常識問題は、お子さまの知識を観ているのではなく、保護者の方のしつけが観られているということをしっかりと認識しておいてください。もし、保護者の方が正しい行動をしていなかったら、お子さまは正解に○をつけることができないでしょう。そうした日常生活の積み重ねがお子さまの解答として表れてきます。小学校に入学すれば、集団生活が始まります。周りに迷惑をかける振る舞いや、危険な行為は、小学校受験において大きなマイナス評価となるのはもちろん、今後の集団生活にも影響してきます。日常生活で、もし、お子さまが間違ったことをしてしまった際は、ただ叱るのではなく、「どうしてそうしたのか」理由を聞きましょう。その理由が、子どもの感覚だと正当と考えられることもあるかもしれません。もし、考え方に誤りがあれば、きちんとお子さまが理解・納得できるよう、大人が説明する必要があります。

【おすすめ問題集】
Ｊｒ・ウォッチャー30「生活習慣」、56「マナーとルール」

問題35　分野：推理（積み木の積み方）

〈準備〉　クーピーペン（赤・青・黄・緑・黒）

〈問題〉　上の絵を見てください。この積み木を空気砲で打って倒します。上の絵の積み木より倒れにくいものを下から探して緑色で○をつけてください。

〈時間〉　15秒

〈解答〉　上段左端

学習のポイント

倒れるか否かは、空気砲の空気の勢いや、積み木の材質にもよりますが、本問では、基準の積み木が空気砲で倒れるという設定になっているため、積み木の積み方のみを考慮して、倒れにくいものを選びます。倒れにくいということは、安定した積み方をしているということです。まず、空気を直接受けない積み木の数を考えます。基準の積み木は空気を直接受けない積み木が４つあります。下の選択肢を見てみると、上段左端は６つ、上段中央は２つ、上段右端は４つ、下段左端は０、下段右端は４つです。空気を直接受けない積み木が多いほど、積み木は後ろから支えられ、安定します。次に、積み木の高さを考えます。積み木に限らず、ものは高く積むほど不安定になります。例えば、地震があったとき、高い建物の高層階ほど大きく長く揺れます。つまり、低く積んだ積み木の方が安定しているということです。よって、２つの観点から考えた結果、正解は上段左端の積み木と判断できます。

【おすすめ問題集】
Ｊｒ・ウォッチャー31「推理思考」

問題36　分野：常識

〈準　備〉　クーピーペン（赤・青・黄・緑・黒）

〈問　題〉　赤ちゃんが寝ているそばで遊ぶときは、どのようにして遊ぶのがよいでしょうか。よいと思われる絵に青色で○をつけてください。

〈時　間〉　10秒

〈解　答〉　本を読んでいる、お絵描きをしている

学習のポイント

ここ数年、コロナ禍の生活を余儀なくされたお子さまは、外出や人と交流する機会が減ったと思います。このことは、生活体験が少ないということでもあり、近年、常識問題は入試において差がつきやすい分野の１つとなっています。答え合わせをする前に、問題に描かれている人、１人ひとりについて、よいのか悪いのかを確認し、悪い場合は、なぜ悪いのかという理由と、どのようにすればよいのかまで確認することをおすすめします。また、「このような人を見かけたらどうする？」と質問すれば、面接や口頭試問の対策にもなりますので、取り入れてみてはいかがでしょう。

【おすすめ問題集】
Ｊｒ・ウォッチャー12「日常生活」、56「マナーとルール」

問題37　分野：常識（断面図）

〈準備〉　クーピーペン（赤・青・黄・緑・黒）

〈問題〉　上に描いてある物を点線で切ったときどのような形になっているでしょうか。
下から探して青い色で線を引いて結んでください。

〈時間〉　20秒

〈解答〉　下図参照

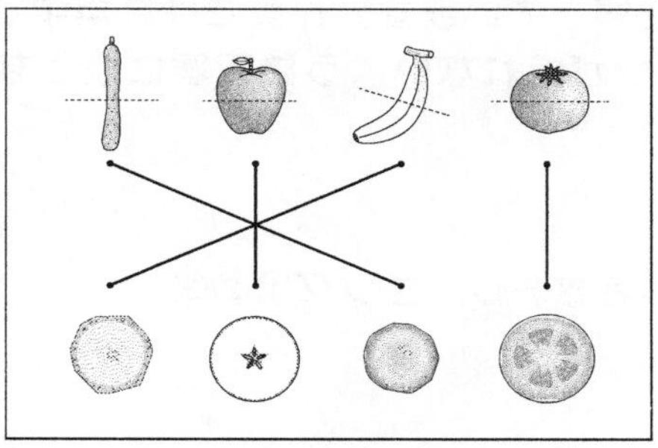

学習のポイント

この問題を言葉で説明しようとしても、なかなかお子さまの理解は得られないでしょう。ですから、口で説明するよりも、実際にお子さま自身に切らせて、どうなっているかを確認することをおすすめいたします。ただ、お子さまに切らせる前に、どうなっているのかを考えさせるとよいです。また、横だけでなく、縦に切ったときにはどうなるのかもやってみると知識が増えます。お料理のお手伝いをしてもらいながら、しりとりや、仲間集めなどをするのもおすすめです。昨今、この食べ物の断面の問題は、さまざまな学校でも出題されてますが、ほとんどの学校では、縦か横に切ったときの断面を問題にしています。では、斜めに切るとどうなるでしょう。そのような質問をお子さまに投げかけ、お子さまの興味を刺激してみてはいかがでしょう。学力を伸ばすには、興味や関心を刺激してあげることも大切です。興味や関心を持てば、お子さまは能動的に知識を求めると思います。保護者の方はお子さまがそうなるような環境作りを心がけてください。

【おすすめ問題集】
Ｊｒ・ウォッチャー27「理科」、55「理科②」

問題38　分野：制作（巧緻性）

〈準備〉　7色のクレヨン

〈問題〉　（あらかじめ問題38-1の絵を塗っておく。問題38-２の絵を渡す）
ここにある見本と同じように色を塗ってください。

〈時間〉　10分

〈解答〉　省略

学習のポイント

塗り絵という、遊びのような楽しい作業に感じますが、明確な指示があるため、お手本通りの正しい配色で塗るようにしましょう。また、色使いだけでなく、丁寧に塗ることも意識して取り組みましょう。黒い枠線を大幅にはみ出さないようにするためには、クレヨンの先端の動かし方に気を使う必要があります。クレヨンで描く線の幅は、鉛筆やペンより太くなります。黒い枠線の近くを塗るときは、特に慎重にクレヨンの先端を動かしましょう。普段から、文房具を使っているほど、このような繊細な作業は得意になっていきます。この課題では、制作の技術力を観ているのではなく、指示をどこまで聴けていたか、道具の使い方や片づけなどから、日常生活を窺っています。作業だけに集中するのではなく、使ったものはすぐに片づける、クレヨンが折れないように丁寧に扱うなども意識して、日々練習を重ねましょう。

【おすすめ問題集】
Ｊｒ．ウォッチャー24「絵画」、実践　ゆびさきトレーニング①②③

問題39　分野：行動観察

〈準備〉　椅子（数脚）

〈問題〉　この問題の絵はありません。
フルーツバスケットをします。1人ずつ果物を割り当てます。鬼の役目の１名を決めます。鬼以外は円状に配置された椅子に座り、鬼は真ん中に立ちます。鬼が果物の名前を言ったら、言われた果物の人は立って別の椅子に座ります。鬼も同じように座ります。座れなかった人は次の鬼になります。

〈時間〉　適宜

〈解答〉　省略

学習のポイント

お子さまのお友だちとの接し方を観ることで、入学後の集団生活への適性を見極める課題です。ルールを理解した上でそれを守れているか、お友だちと楽しく遊べているか、課題に意欲的に取り組んでいるか、などが重要になってきます。保護者の方は、お子さまの普段のお友だちとの接し方をチェックしてみてください。気になることがあった際には、頭ごなしに「ああしなさい、こうしなさい」と言うのではなく、お子さまの考えに耳を傾けた上で「こうしたらどうかな」「○○さん（お友だちの名前）は、こう思うんじゃないかな」など、他者への想像力を育むようなアドバイスを心がけてください。また、楽しく遊ぶことの他に、道具を丁寧に扱うことや、危険な振る舞いをしないことも意識して試験に臨みましょう。フルーツバスケットでは、椅子に囲まれた狭い範囲を走ることになるため、勝負に気を取られすぎて、椅子やお友だちとぶつかってケガをしないよう、周囲をよく見て行動することが求められます。

【おすすめ問題集】
Ｊｒ．ウォッチャー28「運動」、29「行動観察」

2022年度の過去問題

問題40　分野：数量（数える）

〈準備〉　クーピーペン（赤・青・黄・緑・黒）

〈問題〉　左の絵を見てください。それぞれの数を数え、その数だけ、右の四角の中に青色で○を書いてください。

〈時間〉　40秒

〈解答〉　ナス：7つ、トマト：5つ、キュウリ：6つ、サツマイモ：8つ

学習のポイント

ばらばらに描いてあるものを数えるときは、数え忘れや、重複して数えることを防ぐために、数えたものにチェックをつけたり、数える方向を一定にするようにしましょう。また、本問は解答時間が短いため、チェックは丁寧につけ過ぎず、数を忘れないうちに、数え終わった絵から、○を書いていくようにしましょう。この問題のように、実物として存在するものは探しやすいのですが、○、△、□のように記号の場合は数え間違いが起こりやすいです。記号を描いた問題も練習もしておくとよいでしょう。

【おすすめ問題集】
Ｊｒ・ウォッチャー14「数える」

問題41　分野：言語（音つなぎ）

〈準備〉　クーピーペン（赤・青・黄・緑・黒）

〈問題〉　①上に描いてある絵の名前で、２番目の音をつなぐと、下に描いてあるもののどれかの名前になります。その名前のものに下から選んで赤色で○をつけてください。
②ゾウの２番目の音と、下に描いてあるどれか２番目の音をつなぐと、ウマになります。下のどの絵を合わせればよいでしょうか。赤色で○をつけてください。
③上の絵の名前には「ボール」のように濁った音があります。このように、濁った音が入っているものに赤色で○をつけてください。
④上の絵の名前には「ボール」のように伸ばす音があります。このように、伸ばす音が入っているものに赤色で○をつけてください。

〈時間〉　各15秒

〈解答〉　①クリ　②トマト　③トンボ、ボウシ、デンワ　④チューリップ、カンガルー

学習のポイント

言語の課題は、語彙数の多少によって解答時間や正答率に差が出てきます。日頃の会話、読み聞かせ、言葉遊びなどを通して、言葉の音やリズムに親しんでおくことが有効です。言語感覚は、発音して耳と口を使うことで養われます。言葉遊びには、はじまりの音（頭音）が同じ言葉を探す「頭音集め」や終わりの音（尾音）が同じ言葉を探す「尾音集め」、「しりとり」などがあり、また、撥音、濁音、半濁音、拗音、促音、長音などの言葉を意識して探すのも有効です。工夫次第でいろいろな遊びに発展させることもできますので、お散歩をしながら、おやつを食べながらなど、机の上の学習以外の時間を積極的に活用して、楽しみながら取り組んでください。

【おすすめ問題集】

Ｊｒ・ウォッチャー17「言葉の音遊び」、18「いろいろな言葉」、49「しりとり」、60「言葉の音（おん）」

家庭学習のコツ②　「家庭学習ガイド」はママの味方！

問題演習を始める前に、試験の概要をまとめた「家庭学習ガイド（本書カラーページに掲載）」を読みましょう。「家庭学習ガイド」には、応募者数や試験課目の詳細のほか、学習を進める上で重要な情報が掲載されています。それらの情報で入試の傾向をつかみ、学習の方針を立ててから、対策学習を始めてください。

問題42　分野：記憶（お話の記憶）

〈準備〉　クーピーペン（赤・青・黄・緑・黒）

〈問題〉　今からお話をしますのでよく聞いてください。

（問題）
明日は、お友だちの誕生日なので何をプレゼントにしようか考えました。僕は、おじいちゃんの家に行くことにしました。おじいちゃんの家は、家の近くにある駅から、電車に乗って１つ目の駅で降ります。駅を降りると、真正面に山が見えます。おじいちゃんの家は、あの山のふもとにあります。山は、黄色や赤や、緑の色に染まり、とてもきれいです。歩きながら、黄色や、赤に染まった落ち葉がたくさん落ちているのを拾いながら歩きました。木の実もたくさん拾いました。何をプレゼントにするのか決まりました。おじいちゃんの家の周りには畑もあり、今は秋野菜の収穫です。

（問題42-1の絵を渡す）
①左側を見てください。お友だちにあげるために作ったプレゼントは、どれだと思いますか。黄色で○をつけてください。
②右側を見てください。おじいちゃんの家で、今、採れるものはどれでしょうか。黄色で○をつけてください。

（問題）
僕はプレゼントを作った後、おじいちゃんの作った野菜でおやつを作りました。とてもおいしくできました。そのおやつと、作ったプレゼントを持って家に帰ります。おじいちゃんに、「さっき来た道と同じ道を通って帰るんだよ」と言われました。

（問題42-２の絵を渡す）
③おじいちゃんの家からどこを通って家まで帰りましたか。通ったところに黄色で線を引いてください。

（問題）
今日はお友だちの誕生日です。僕はお友だちの家にお祝いに行きました。お友だちの家に着くと、家の人が迎えてくれました。靴をそろえて家に上がり、洗面所で手を洗い、ジュースをいただきました。

（問題42-３の絵を渡す）
④上の絵を見てください。お友だちの家に着いてからやったことが正しく並んでいるのはどちらですか。右の四角に黄色で○を書いてください。
⑤ジュースをいただこうとしたときに、お友だちのお母さんに「氷を入れますか？」と聞かれたので「はい」と言って入れてもらいました。ジュースの入ったコップに氷を入れると、どのようになるでしょうか。正しい絵に黄色で○をつけてください。

〈時間〉　各15秒

〈解答〉　①落ち葉と木の実で作った装飾品　②サツマイモ　③④⑤下図参照

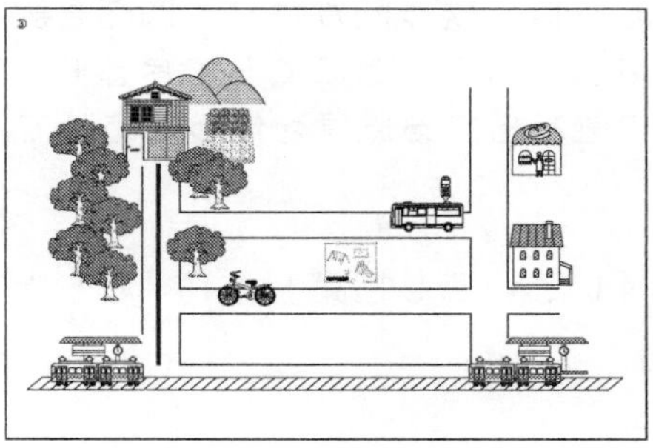

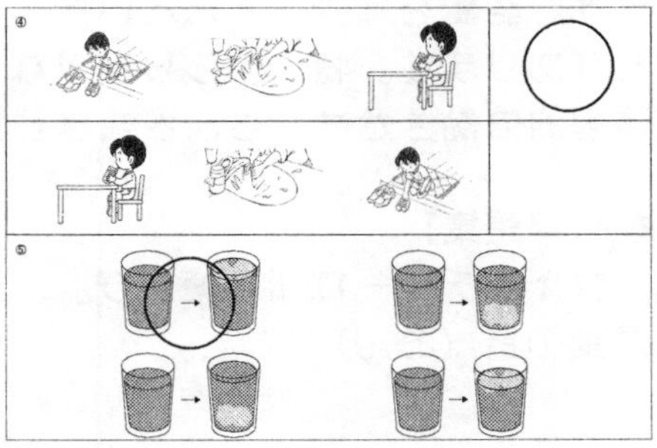

学習のポイント

①のお友だちのプレゼントは、落ち葉や木の実を拾っているときに思いついたようなので、これらを使って作ったものだと推測できます。②は記憶だけでなく、知識も必要な問題です。問題文に、「山が黄色や赤、緑の色に染まり」とあるため、季節は秋だとわかります。②の選択肢の中から、秋に採れるものを選び、答えはサツマイモだと判断します。⑤では、理科的な知識が必要です。日常生活で、ジュースや水に氷を入れたとき、中身があふれたことはありませんか。このような経験は考えるヒントになります。このように、本問では、お話を記憶することはもちろん、一般常識的な知識が必要になります。対策としては、普段からの読み聞かせ、図鑑を読むこと、外に出て自然を観察することなどがあります。身の回りにあるものから知識を付けていきましょう。

【おすすめ問題集】

1話5分の読み聞かせお話集①・②、お話の記憶問題集 初級編・中級編、
Ｊｒ・ウォッチャー12「日常生活」、19「お話の記憶」、27「理科」、55「理科②」

問題43　分野：言語（音数・同音・音数）

〈準 備〉　クーピーペン（赤・青・黄・緑・黒）

〈問 題〉　①★の列の動物は２つの音で呼ばれています。例えばハトは「ハ・ト」のように２つの音で呼ばれています。☆の列は３つの音で呼ばれています。では下の四角に描いてある動物の呼び方が２音のものには○を、３音のものには△を緑色でつけてください。
②この絵の名前のどこかに「と」という音が入ってます、名前の前から３番目に「と」の音が入っているものはどれでしょうか。緑色で○をつけてください。
③ここに並んでいる絵は、あるお約束で並んでいます。□には下のどの絵が入るでしょうか。その絵に緑色で○をつけてください。
④ここに並んでいる絵は、あるお約束で並んでいます。□には下のどの絵が入るでしょうか。その絵に緑色で○をつけてください。

〈時 間〉　各20秒

〈解 答〉　①○イカ、ウシ、リス　△カエル、ゴリラ　②ニワトリ、すいとう
③くつした　④キリン

学習のポイント

③は「ク」で始まる言葉を求めている問題です。④は左にいくに連れて、音数が１つずつ増えています。もし本問に出てくるものの名前がわからないようであれば、語彙がかなり足りないと言えます。小学校受験の「言語」の問題は、ペーパーで学ばなければいけないものではありません。むしろ日常生活の中で学んだ方が、言葉がしっかりと身に付くようになります。語彙を増やす方法といたしましては、読み聞かせや、図鑑を読むこと、しりとりなどがあります。特に、しりとりなどは、いつでもどこでもできるものです。保護者の方が積極的に働きかけ、さまざまな言葉に触れられる環境を作ってあげてください。

【おすすめ問題集】

Ｊｒ・ウォッチャー17「言葉遊び」、18「いろいろな言葉」、49「しりとり」、
60「言葉の音（おん）」

問題44　分野：図形（回転図形）

〈準備〉　クーピーペン（赤・青・黄・緑・黒）

〈問題〉　上の絵を何度回してもできない絵はどれですか。その絵に青色で○をつけてください。

〈時間〉　1分

〈解答〉　①真ん中　②右端

学習のポイント

回転する方向は指定されていませんが、図形はシンプルなため、そこまで難易度が高くない回転図形の問題です。図形の中には２つの記号が書いてありますが、位置関係や向きがどのように変化するのかわかりにくければ、まずは１つの記号のみに注目して回転させてみましょう。①では、太い矢印が右上、左上、左下にある場合の図形が書かれていますから、その３つの場合の回転を考えます。太い矢印が３つの選択肢の位置と向きのとき、細い矢印の位置と向きをお手本と照らし合わせながら確かめて、間違っているものを選びます。難しいようでしたら、最初は、折り紙で具体物を作って実際に回転させて確かめたり、問題の絵が描かれた紙を回転させたりしてみましょう。簡単な問題から取り組んでいき、苦手意識が生じないようにすることが大切です。

【おすすめ問題集】

Ｊｒ・ウォッチャー5「回転・展開」、46「回転図形」

問題45　分野：記憶（お話の記憶）

〈準備〉　クーピーペン（赤・青・黄・緑・黒）

〈問題〉　今から話すことをよく聞いて、あとの質問に答えてください。

今から、自己紹介をします。僕の名前はそうすけです。僕の家族はお父さん、お母さん、おばあちゃん、ペットの犬、それに僕です。僕は乗り物が大好きです。１番好きな乗り物は電車です。将来の夢は困った人を助ける警察官になることです。外で遊ぶのが大好きで、よく、近所の公園に行きます。昨日も公園で遊びました。昨日は、ブランコに乗って、縄跳びをして、公園に来ていたお友だちとサッカーをして遊びました。

（問題45の絵を渡す）

①そうすけくんの家族に黄色で○をつけてください。
②そうすけくんの１番好きな乗り物に黄色で○をつけてください。
③そうすけくんが将来やりたい仕事に黄色で○をつけてください。
④そうすけくんが昨日、公園でした遊びに黄色で○をつけてください。

〈時間〉　各15秒

〈解答〉　①右から２番目　②電車　③警察官　④ブランコ、縄跳び、サッカー

学習のポイント

決して長いお話ではないですが、記憶すべき要素は多いため、最後まで集中して聞きましょう。記憶力を鍛えるには、普段からお話の読み聞かせを行うだけでなく、読み聞かせをしたあとに、お話の全体の流れや、お話の経過の中で起きた出来事、登場人物の気持ちなどを、お子さまに口頭で説明してもらうことをするとよいです。お話の理解が深まるだけではなく、相手に伝わるように話すことの練習にもなります。また、お子さまなりの解釈の仕方や、どういったことに注目して聞いているかの分析にもなります。保護者の方が一方的にお話をするだけではなく、お子さまとの会話を楽しんでいくことで、必ずお話の聞き取りの力はついてきます。

【おすすめ問題集】

1話5分の読み聞かせお話集①・②、お話の記憶問題集 初級編・中級編

Ｊｒ・ウォッチャー19「お話の記憶」、20「見る記憶・聴く記憶」

問題46　分野：言語／記憶

〈準備〉　クーピーペン（赤・青・黄・緑・黒）

〈問題〉　①☆から★までしりとりをしてください。緑色で線をなぞりながら進みましょう。

②絵を描きます。初めは丸を書き、次に茎を描きました。次は花びらを描き、そして葉っぱを描きました。最後に植木鉢を描き完成しました。お話の順番になっている絵に緑色で○をつけてください。

〈時間〉　① 30秒　②15秒

〈解答〉　①イカ－カラス－スイカ－カメ－メガネ－ネズミ－ミノムシ－シカ－カカシ－シマウマ－マラカス－スシ　②真ん中

学習のポイント

①に描かれている絵の名前はすべて言えますか。名前とものが一致していなければ、しりとりをすることは難しいです。普段から、読み聞かせや図鑑を読むことを継続し、語彙を増やしていきましょう。また、本問では、同じ頭文字から始まる絵が複数配置されていますから、どのように進めばよいか悩み、しりとりに行き詰まることがあるかもしれません。そのようなときは、ゴールの★からしりとりを考えてみる方法もあります。「すし→マラカス→シマウマ…」と逆から辿っていくと、スタートから引いた線とぶつかり、行き詰まりを解消できるでしょう。②では、描く順番を頭の中でイメージしながらお話を聞きましょう。また、選択肢の絵が似ているため、見間違えないようにしましょう。お子さまが間違えてしまった場合は、記憶が間違っていたのか、絵を見誤っていたのか、保護者の方がチェックしてあげてください。

【おすすめ問題集】

Ｊｒ・ウォッチャー17「言葉の音遊び」、19「お話の記憶」、20「見る記憶・聴く記憶」

問題47　分野：図形（構成）

〈準備〉　クーピーペン（赤・青・黄・緑・黒）

〈問題〉　右側の形を使って左側の形をつくります。そのとき使わない形に黒色で○をつけてください。

〈時間〉　各15秒

〈解答〉　①右端　②左から２番目　③右端

学習のポイント

このような問題の解き方ですが、バラバラになった絵が、元の絵のどの部分のものなのか、位置関係を把握することから始めます。本問では、右側にある選択肢のピースが回転や反転はしていないため、ピースをそのまま元の形にスライドさせると、位置関係がわかります。お子さまが難しく感じているようでしたら、絵を切り取って実際にパズルをしてみたり、元の形の中に線を引いたりして、形がどのように分解できるか確かめてみることをおすすめいたします。また、最初のうちは、絵の描かれたパズルに取り組むと、ピースの形以外に、切れた絵も情報としてあるため、組み合わせ方が考えやすいです。保護者の方は、問題の難易度を調整し、お子さまが、このような問題に抵抗なく取り組めるよう工夫しましょう。

【おすすめ問題集】
Ｊｒ・ウォッチャー３「パズル」、４「同図形探し」、59「欠所補完」

問題48　分野：制作（巧緻性）

〈準備〉　クーピーペン（赤・青・黄・緑・黒）、折り紙

〈問題〉　この問題の絵はありません。
・映し出された恐竜のお手本の映像を見て、同じように描く。
・折り紙の手順を電子黒板で見て覚えた後、同じように折る。

〈時間〉　適宜

〈解答〉　省略

学習のポイント

モニターに映し出される折り紙の折り方を見て、作業をする問題です。人は、対面で説明されるよりも、モニターを通して説明を受けた時の方が理解度が落ちるといわれています。これは、問題を録音機器を通して出題する場合も同じです。そのため、対面で出題されるときよりも集中力が必要になります。お子さまの集中力はいかがでしょうか。問題を解くことも大切ですが、言われたことを一度で理解する力、モニターを注目していられる集中力なども当校の入試では求められます。ここでは折り紙をしましたが、角と角はきちんと合っていますか。作業に意欲的に取り組んでいますか。そして、できあがったもので楽しく遊べるでしょうか。保護者の方は、家庭学習の際に、これらの点もチェックしてあげてください。

【おすすめ問題集】
実践　ゆびさきトレーニング①・②・③、Ｊｒ・ウォッチャー23「切る・貼る・塗る」、29「行動観察」

問題2

①

③

②

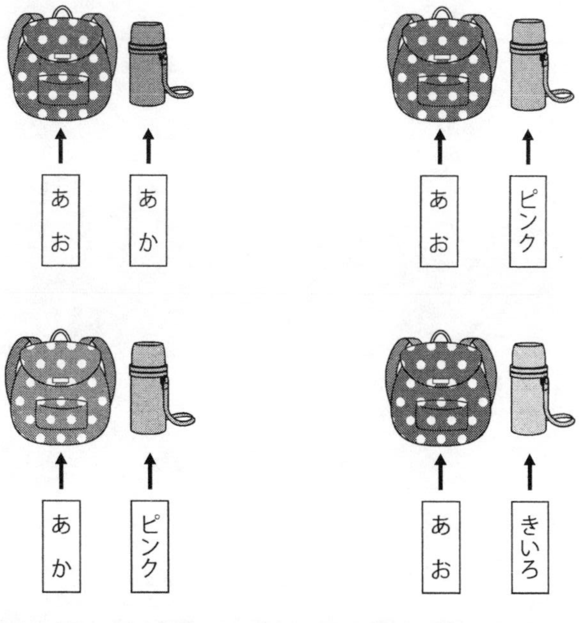

④

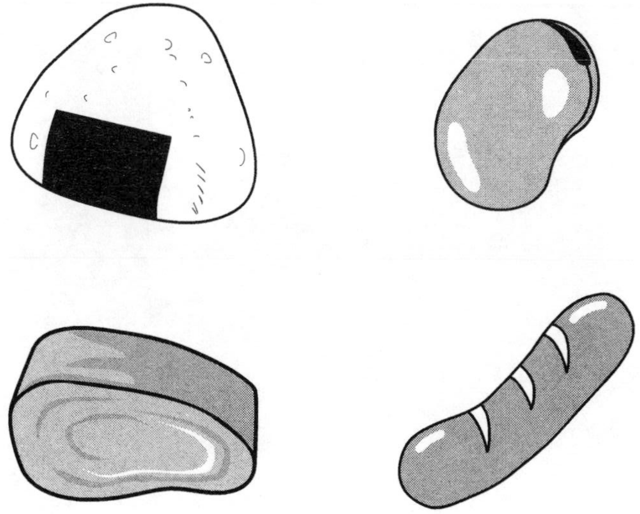

日本学習図書株式会社

問題3−1

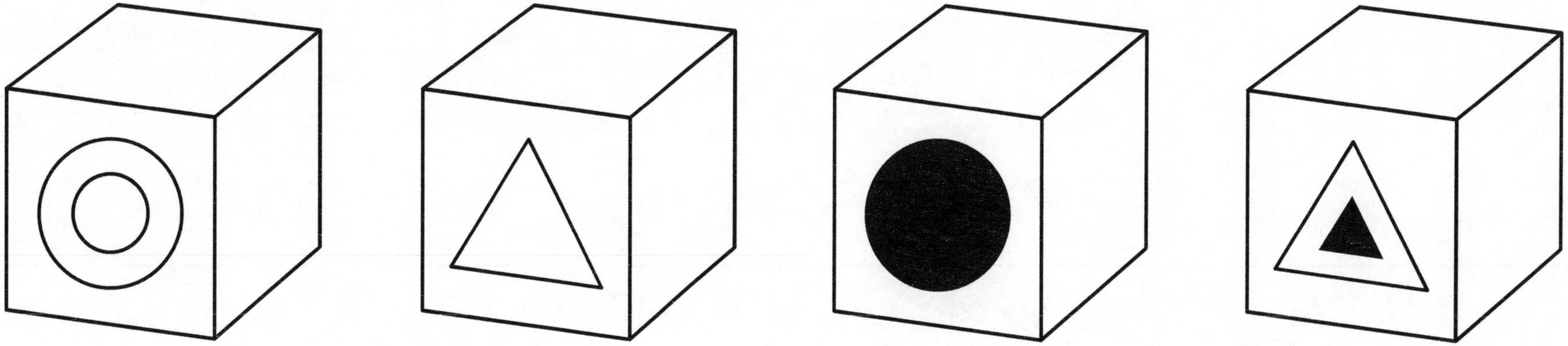

☆追手門学院小学校

日本学習図書株式会社

2024 年　追手門学院・関西大学　過去　無断複製／転載を禁ずる

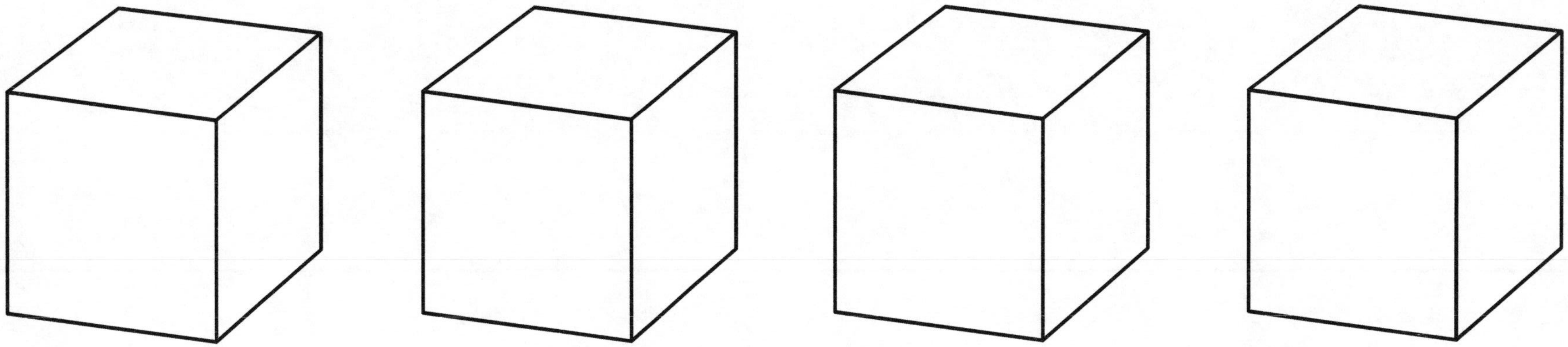

☆追手門学院小学校

問題4

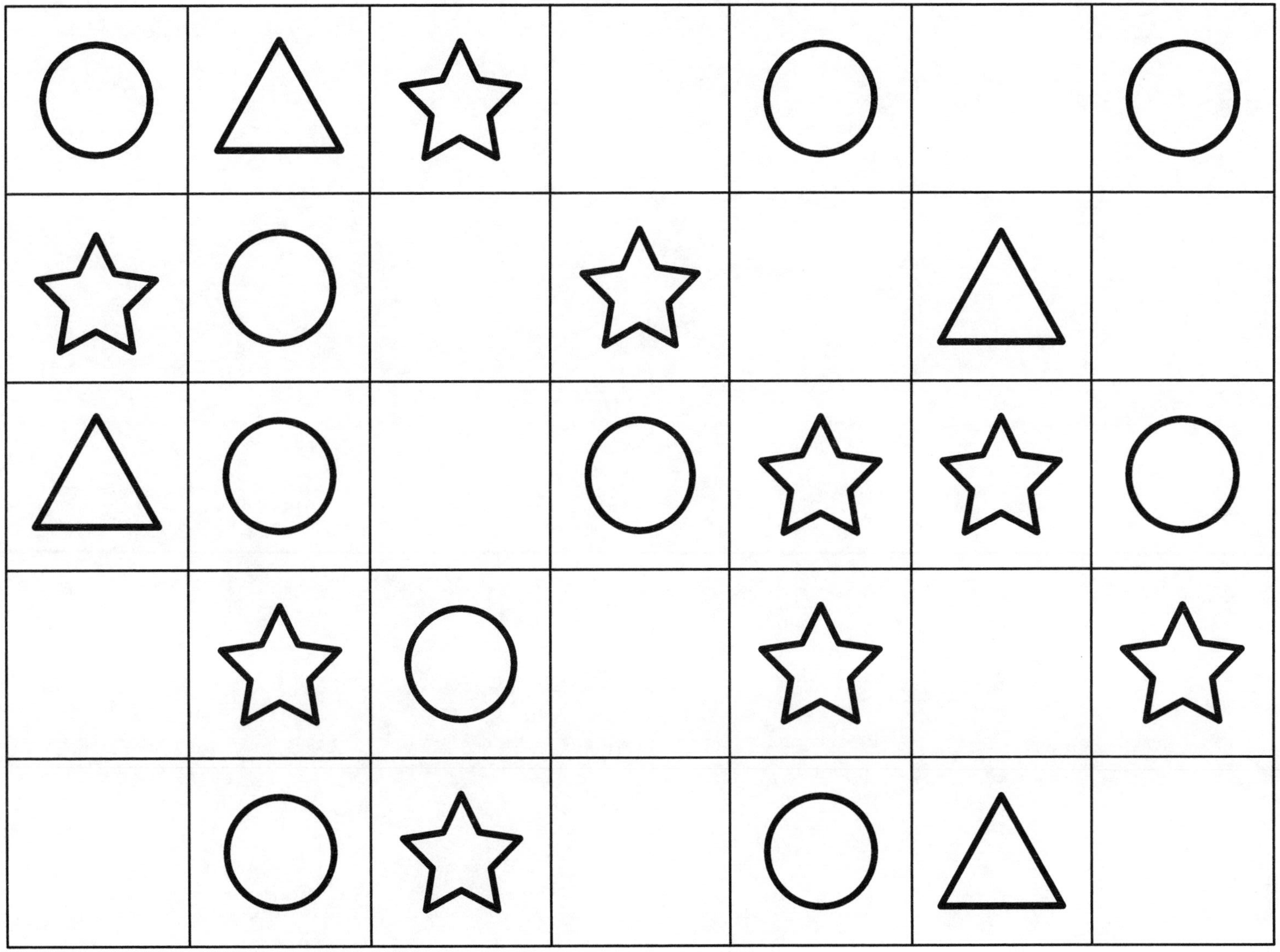

☆追手門学院小学校

① ②

日本学習図書株式会社

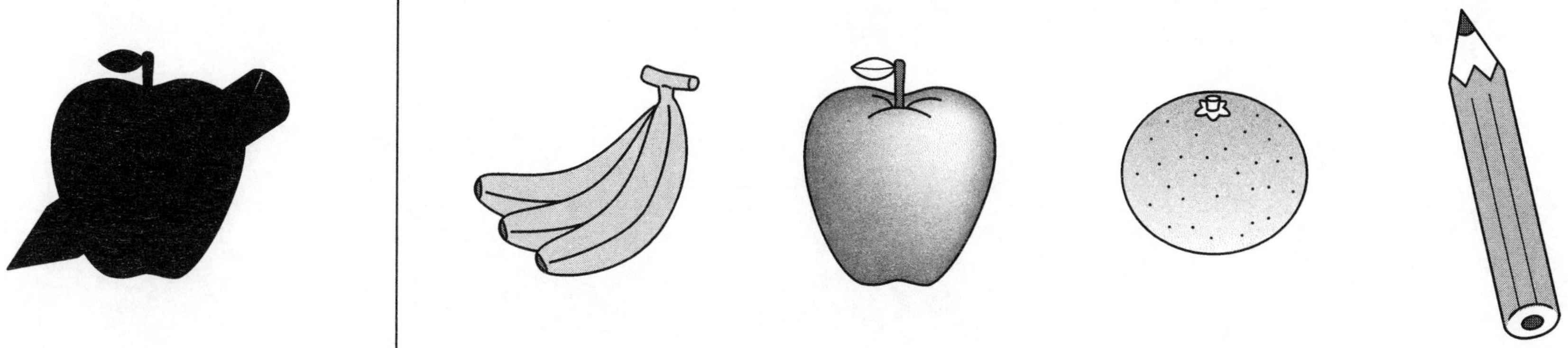

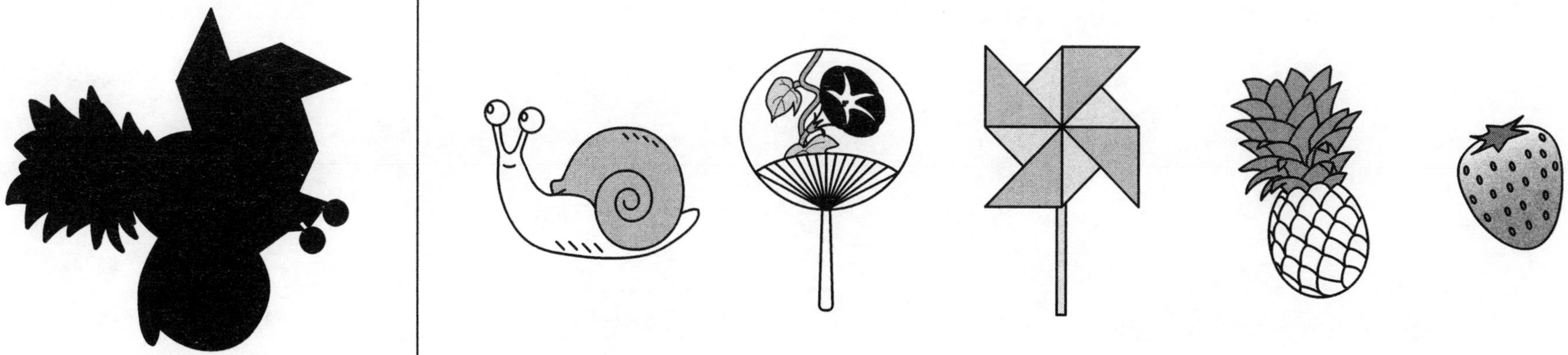

問題6－1

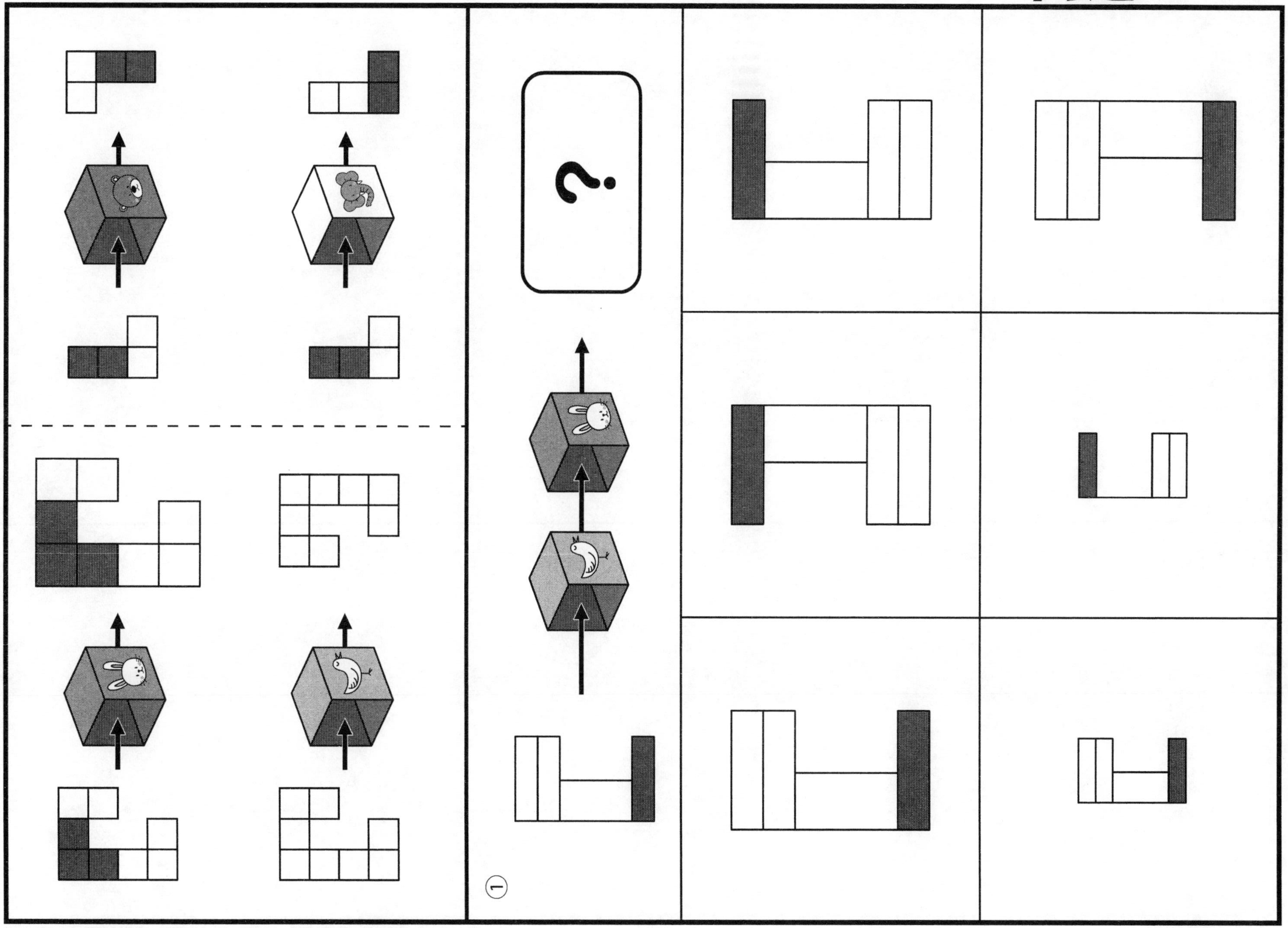

問題6－2

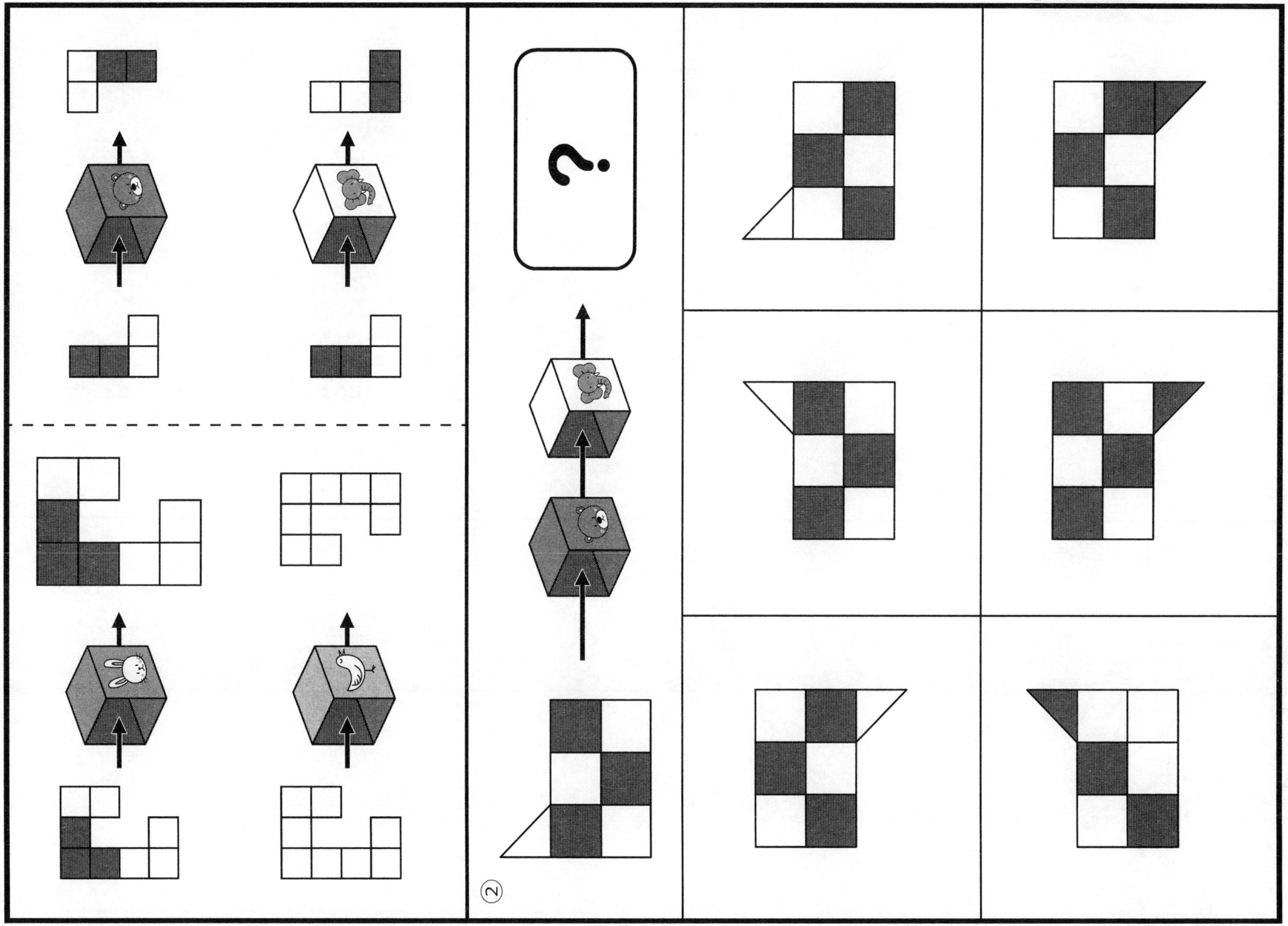

日本学習図書株式会社

☆追手門学院小学校

2024 年　追手門学院・関西大学　過去　無断複製／転載を禁ずる　日本学習図書株式会社

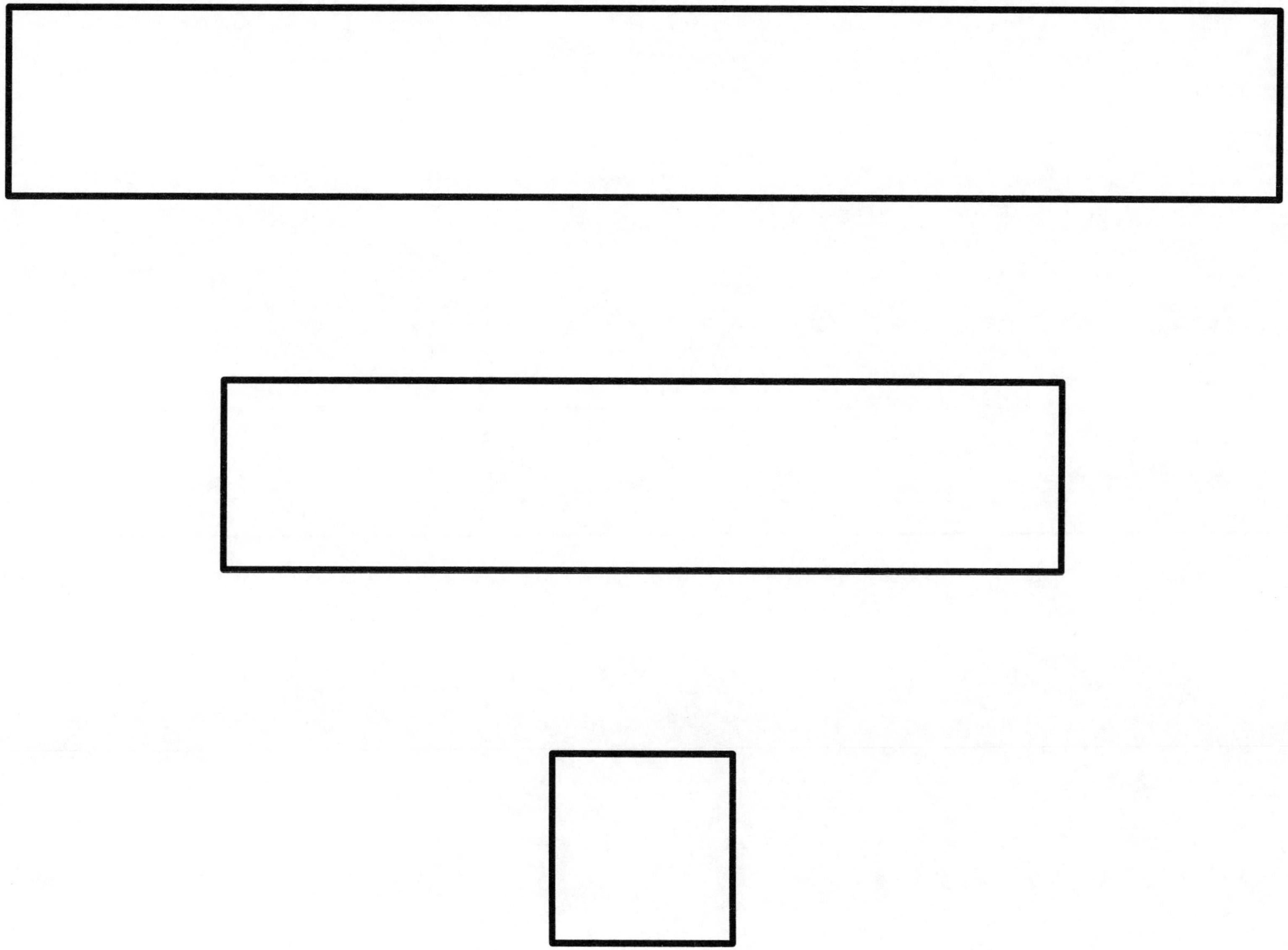

☆追手門学院小学校

2024 年　追手門学院・関西大学　過去　無断複製／転載を禁ずる　　日本学習図書株式会社

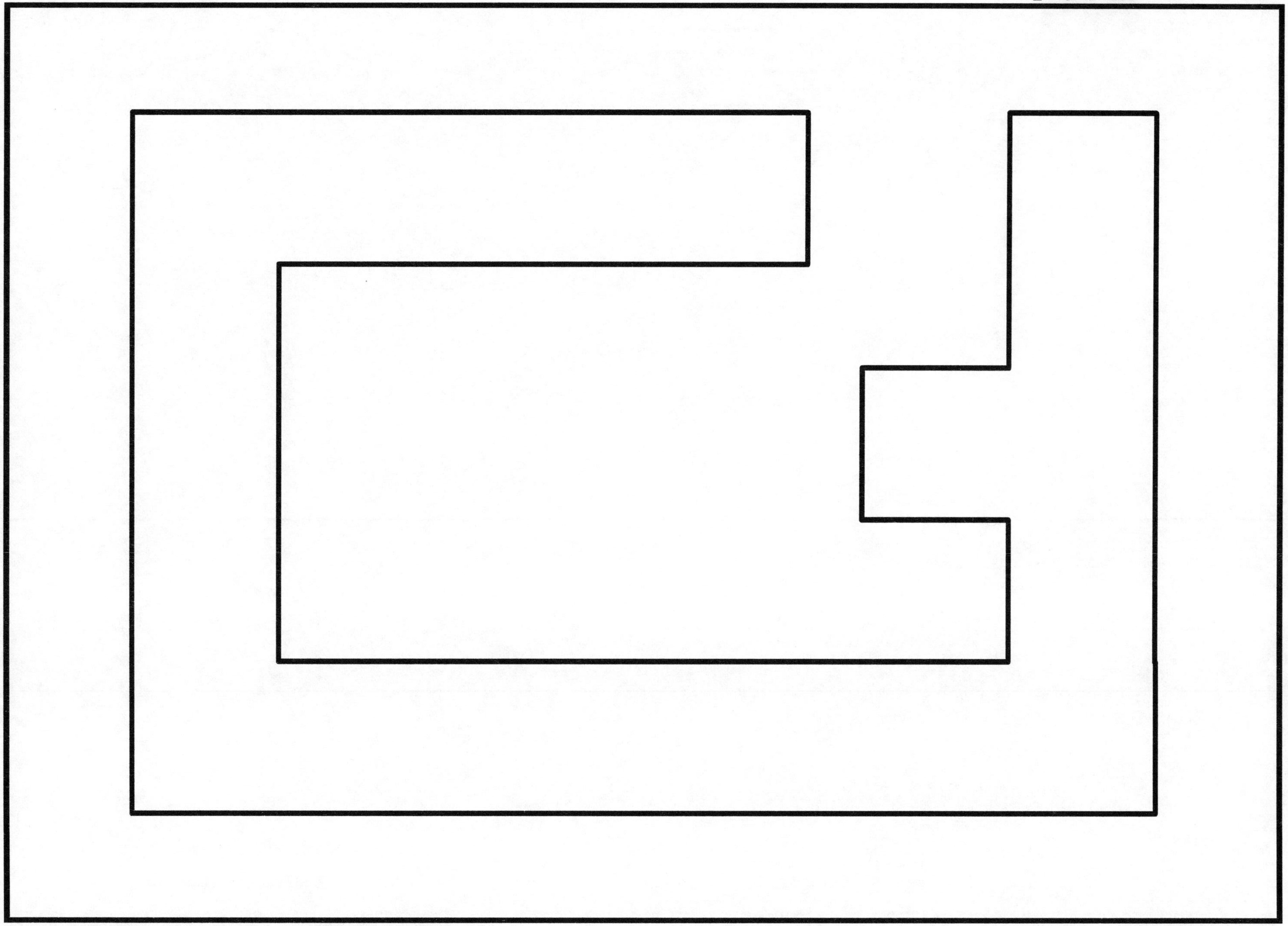

問題7－3

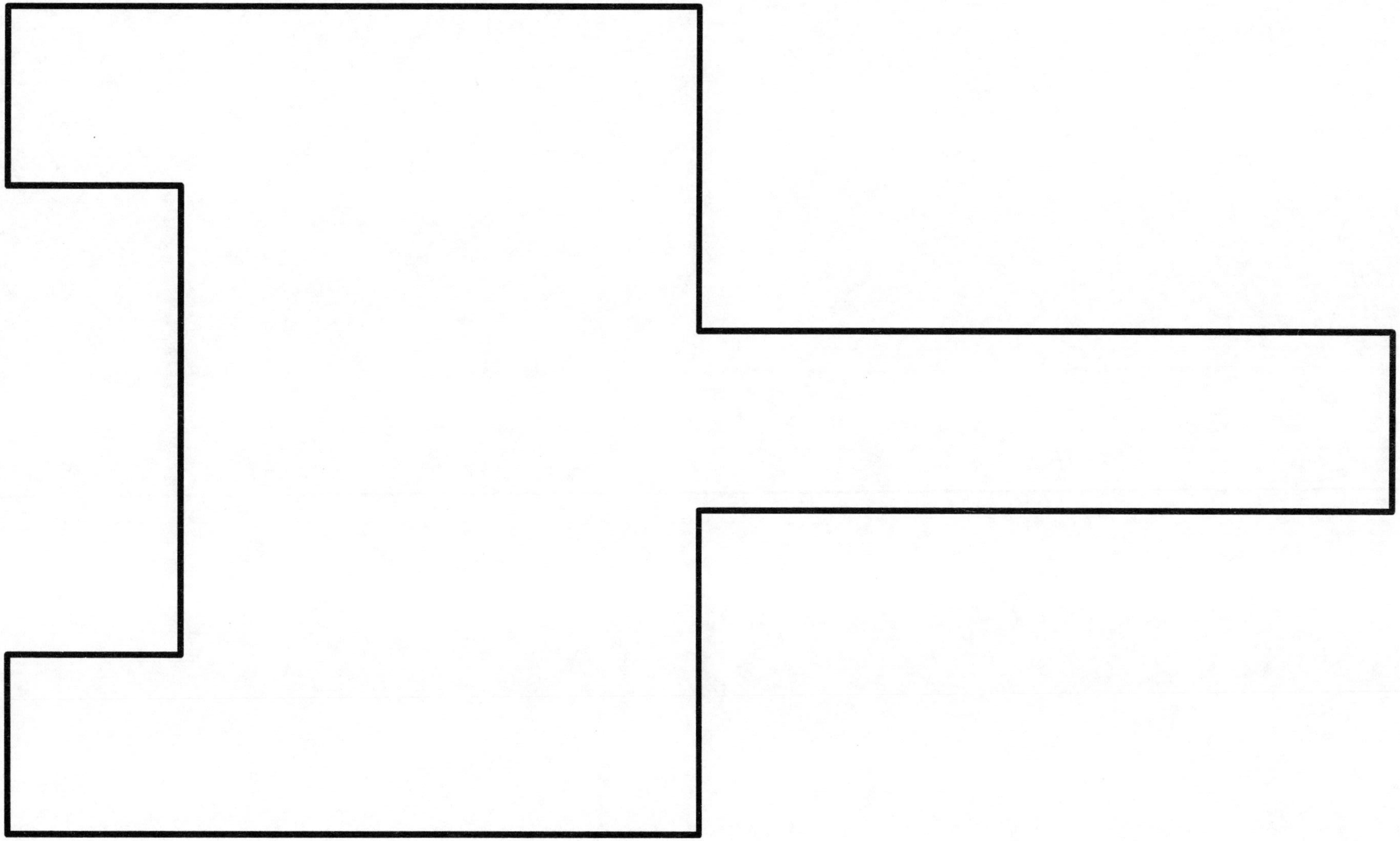

日本学習図書株式会社

☆追手門学院小学校

2024年　追手門学院・関西大学　過去　無断複製／転載を禁ずる　日本学習図書株式会社

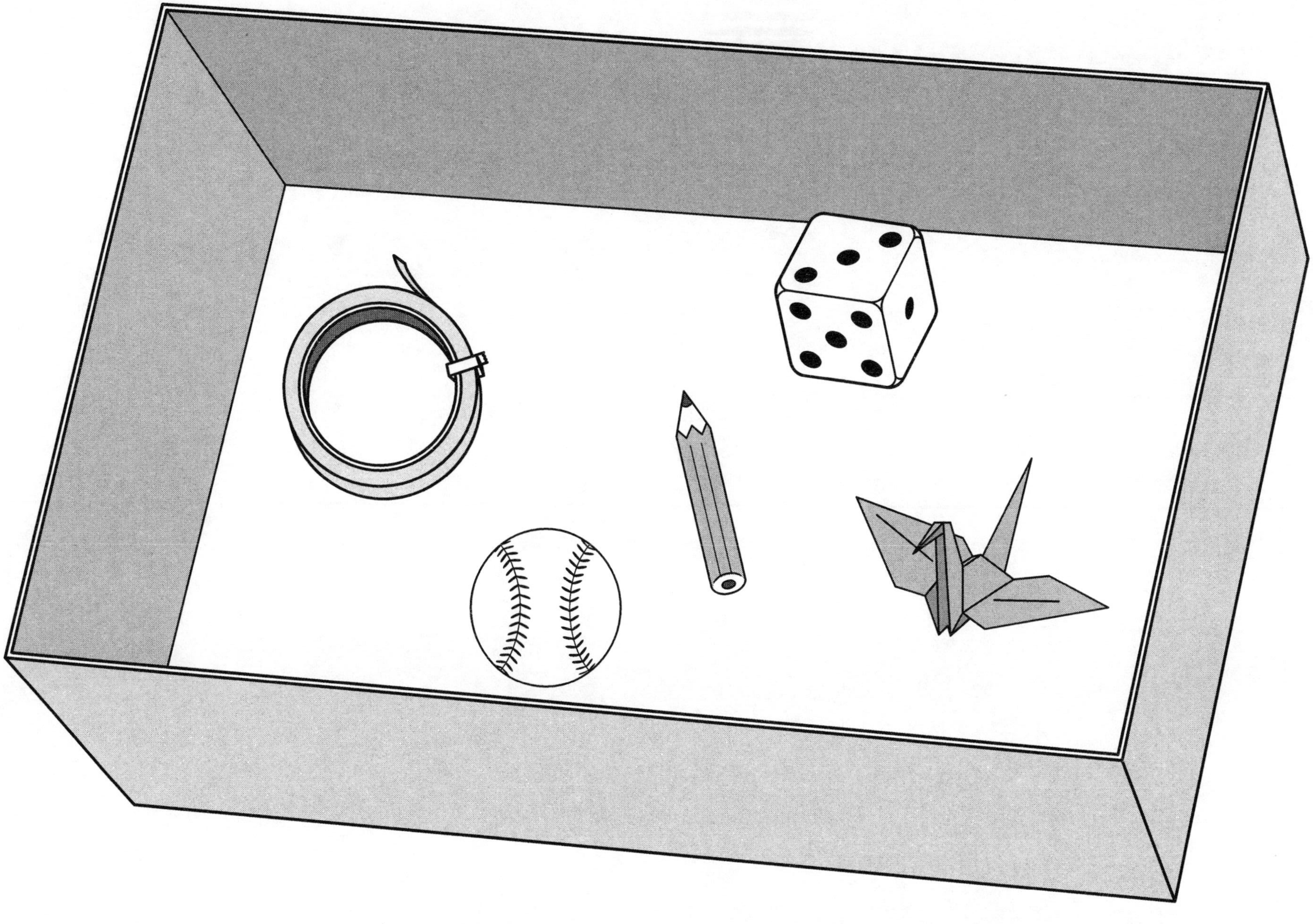

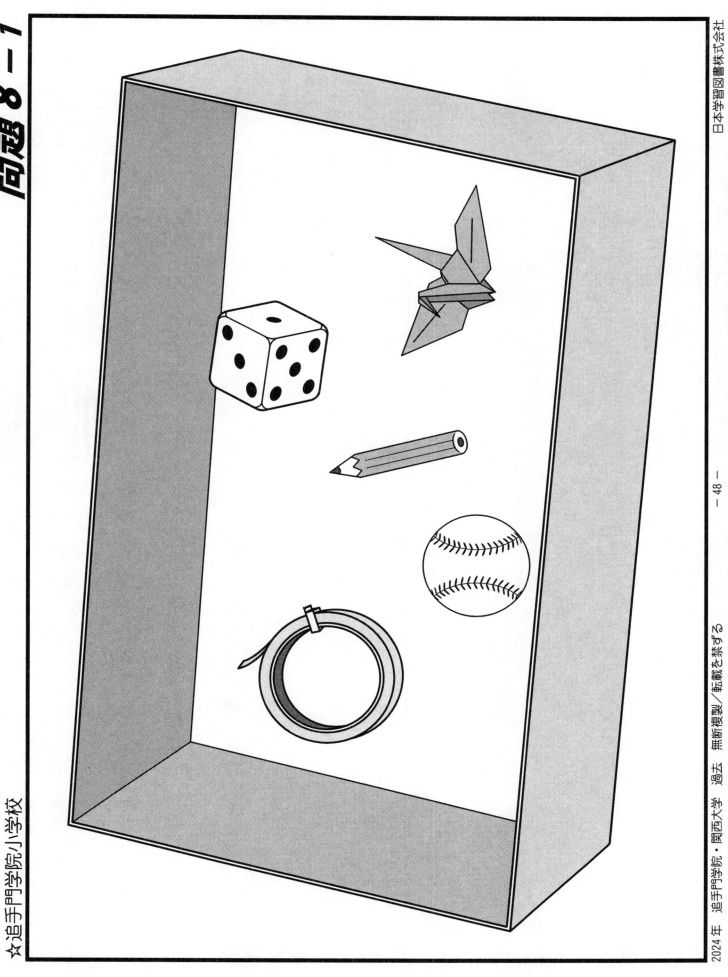

問題8－2

☆追手門学院小学校

問題9

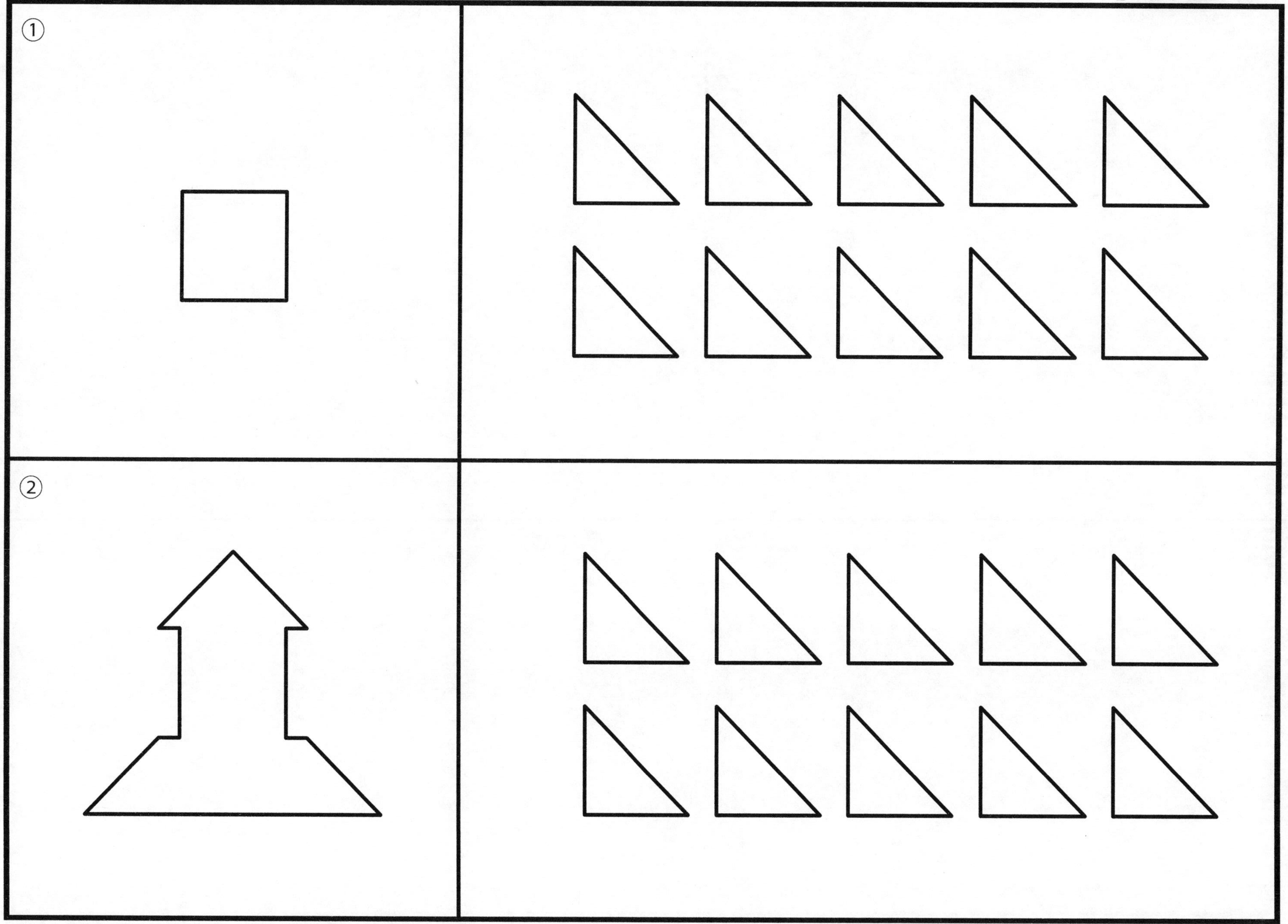

問題１０

①

②

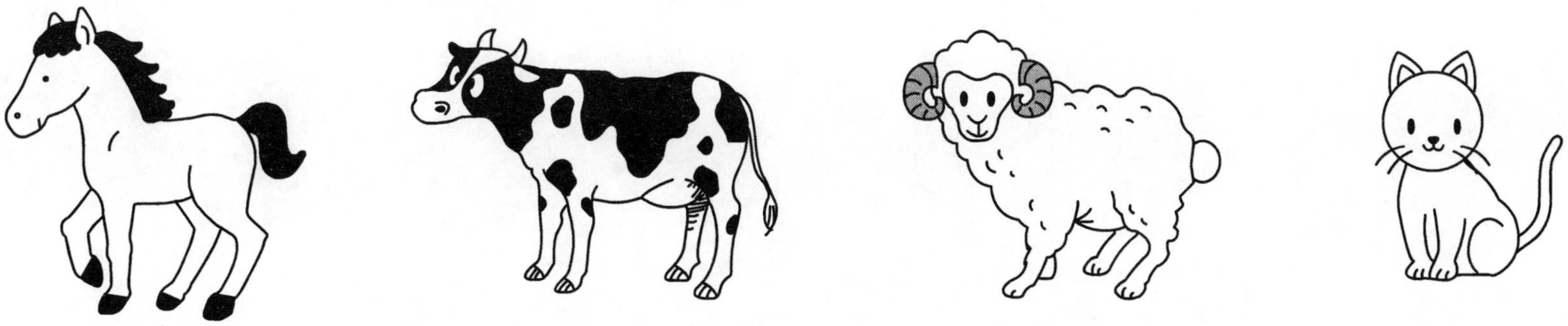

☆追手門学院小学校

問題１１

①

②

☆追手門学院小学校

2024 年　追手門学院・関西大学　過去　無断複製／転載を禁ずる　　　日本学習図書株式会社

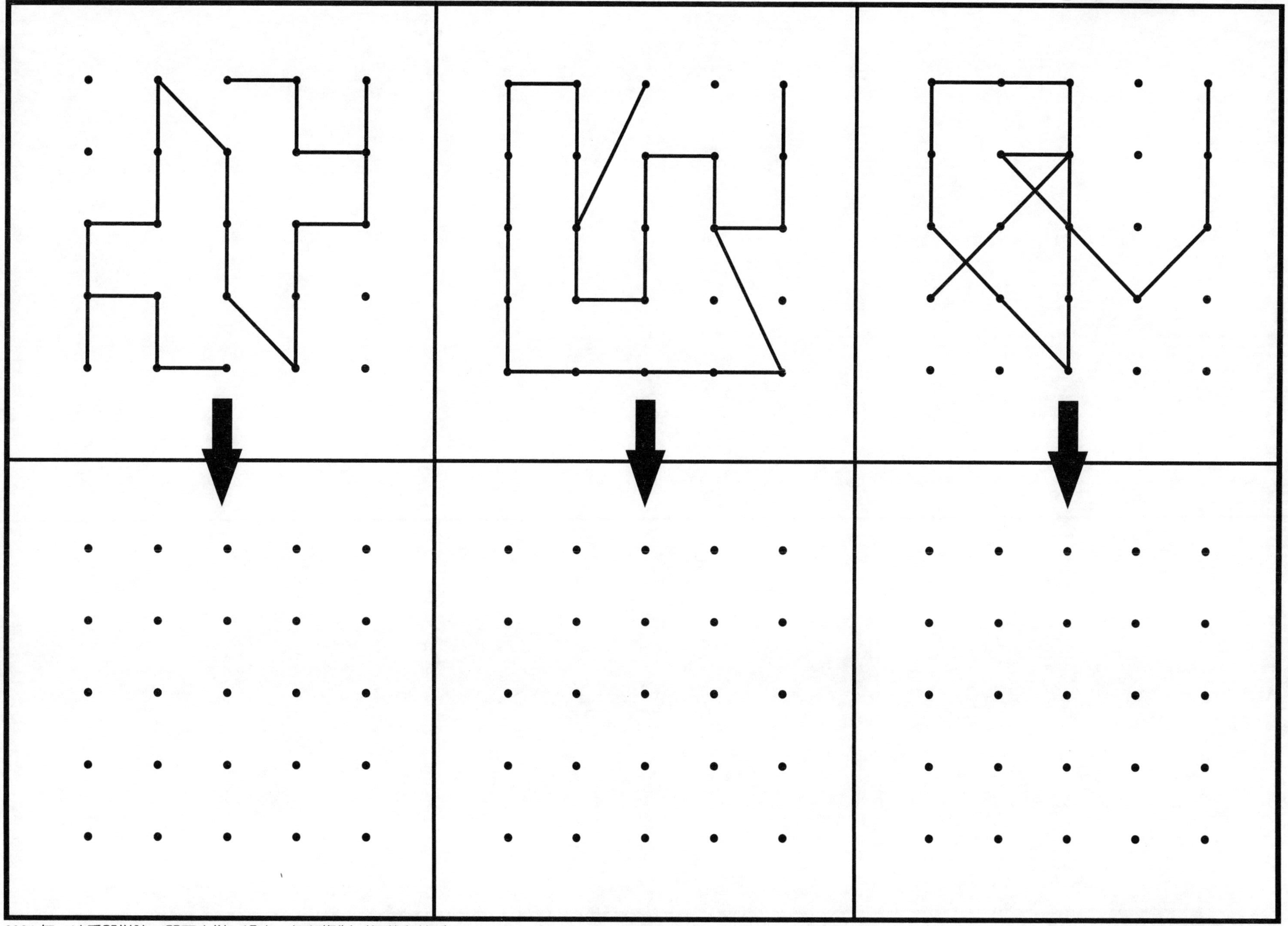

問題１８

☆追手門学院小学校

2024 年　追手門学院・関西大学　過去　　無断複製／転載を禁ずる　　日本学習図書株式会社

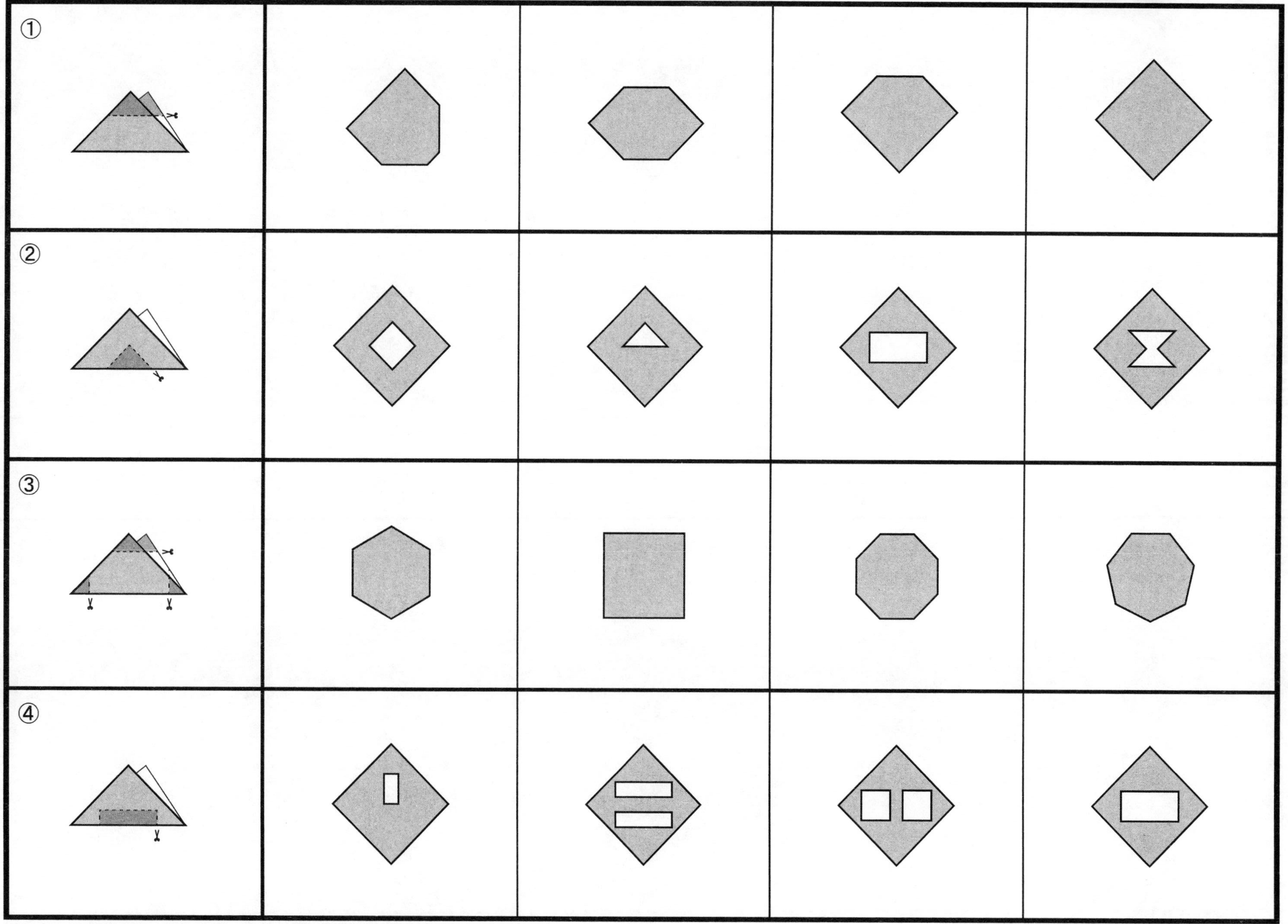

問題２０

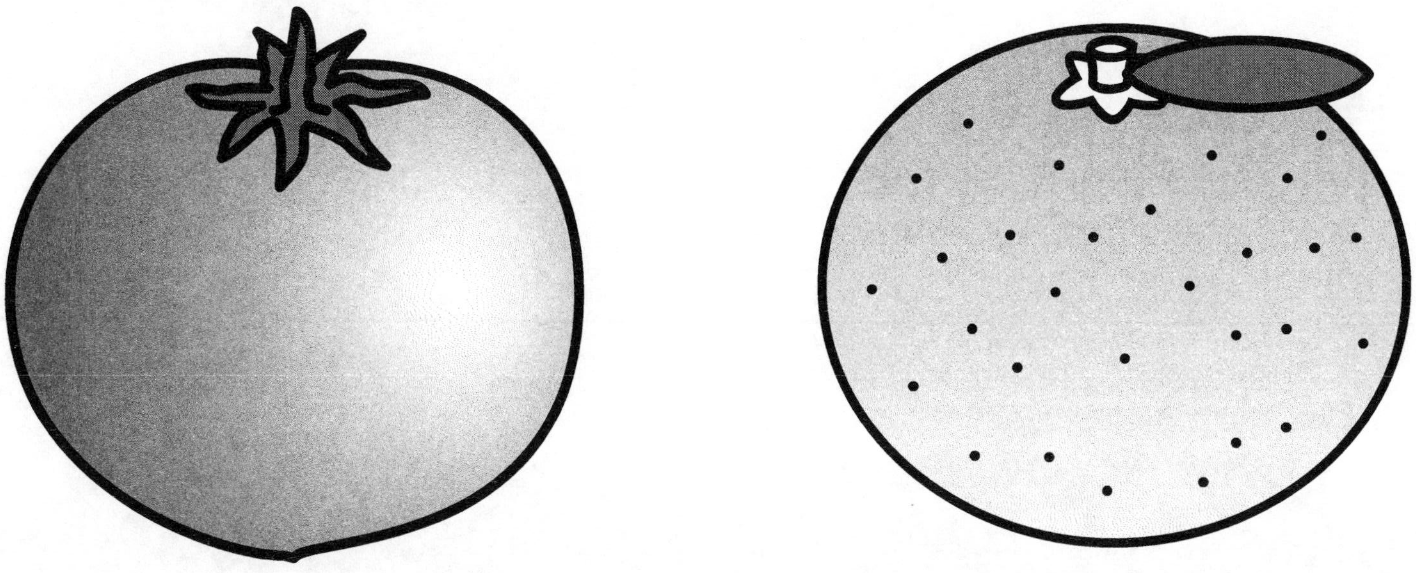

☆追手門学院小学校

問題21

①

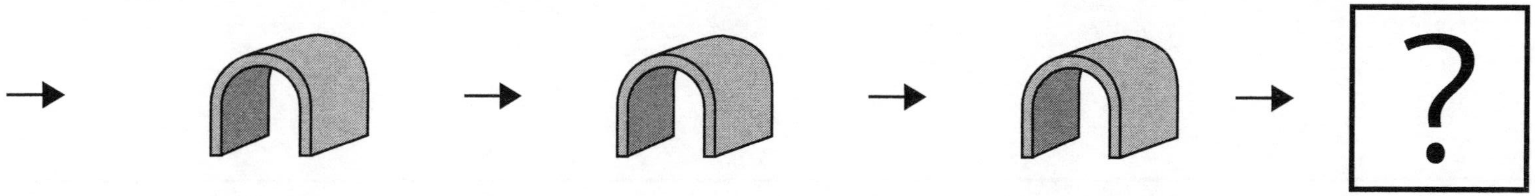

②

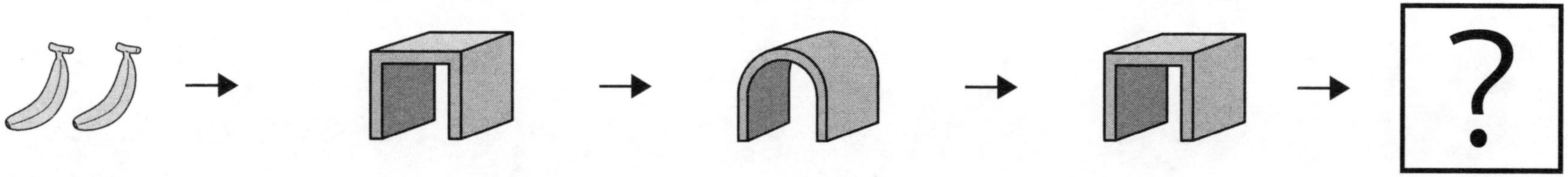

③

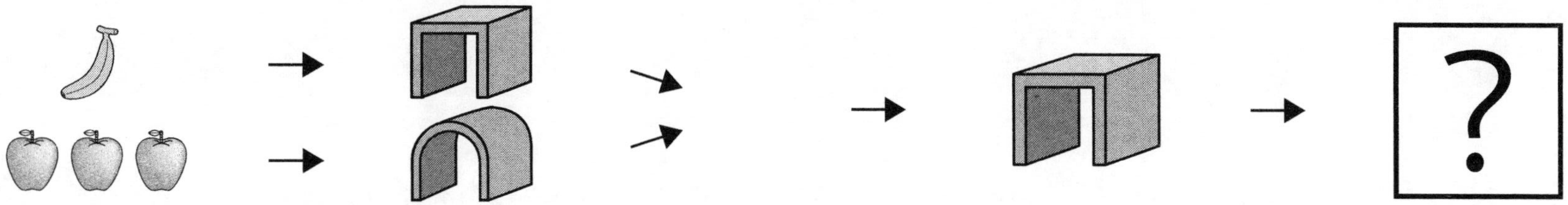

日本学習図書株式会社

問題２２－１

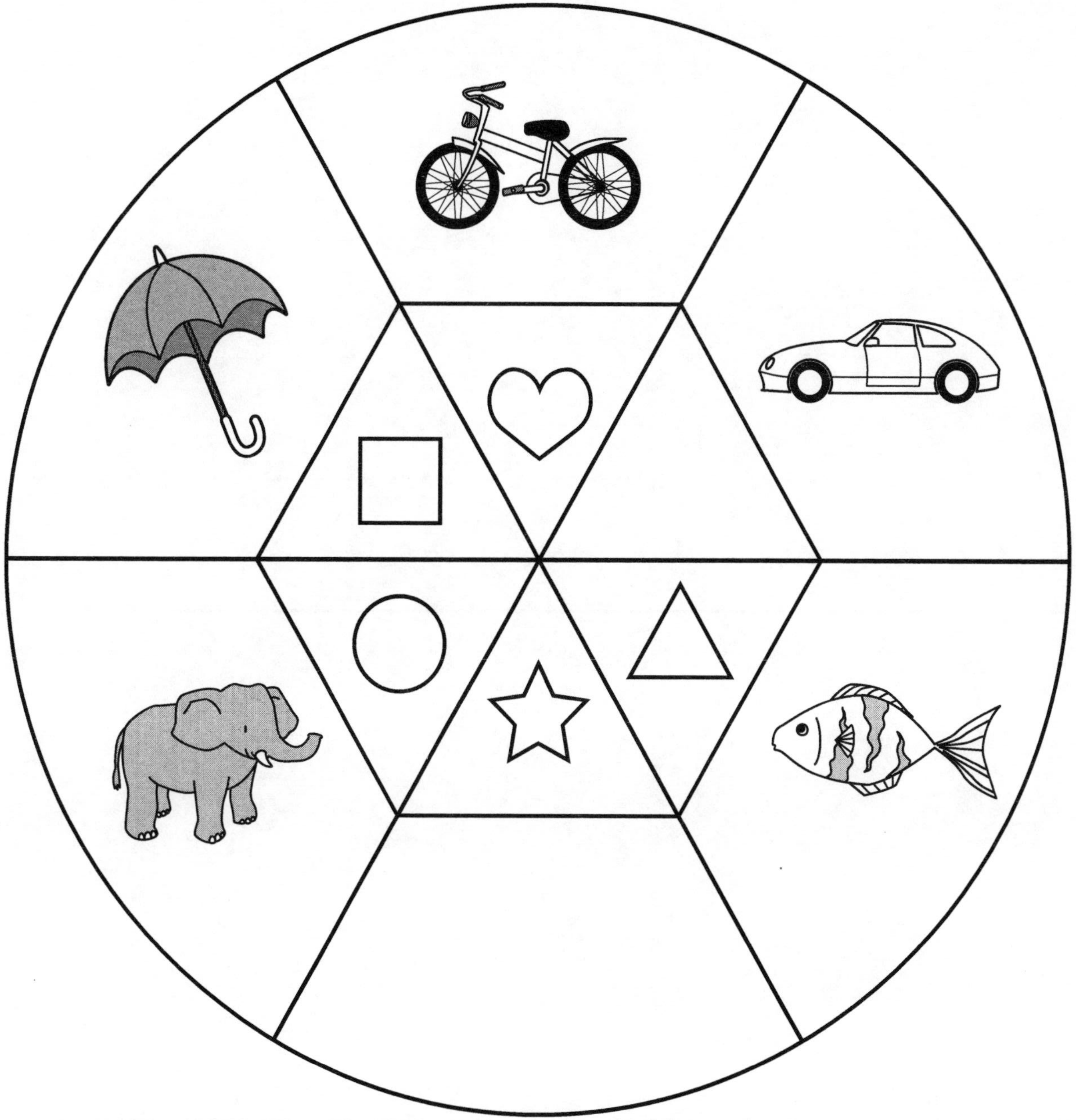

日本学習図書株式会社

問題２２－２

①

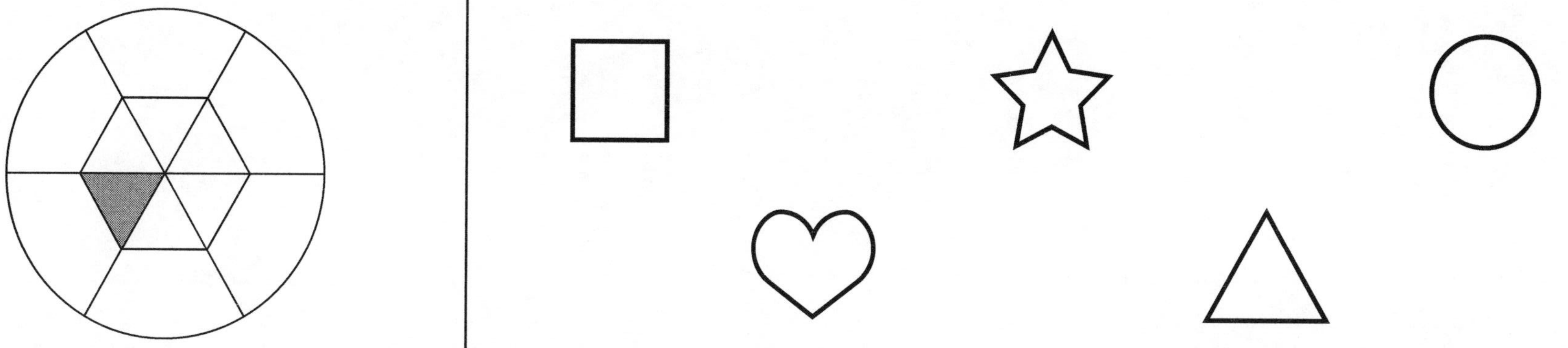

②

③

日本学習図書株式会社

☆追手門学院小学校

問題２３

①

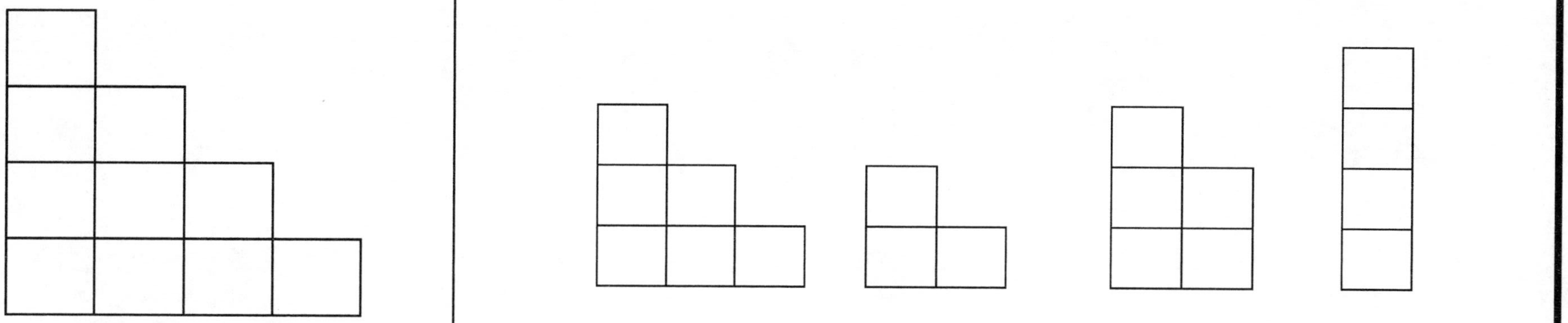

②

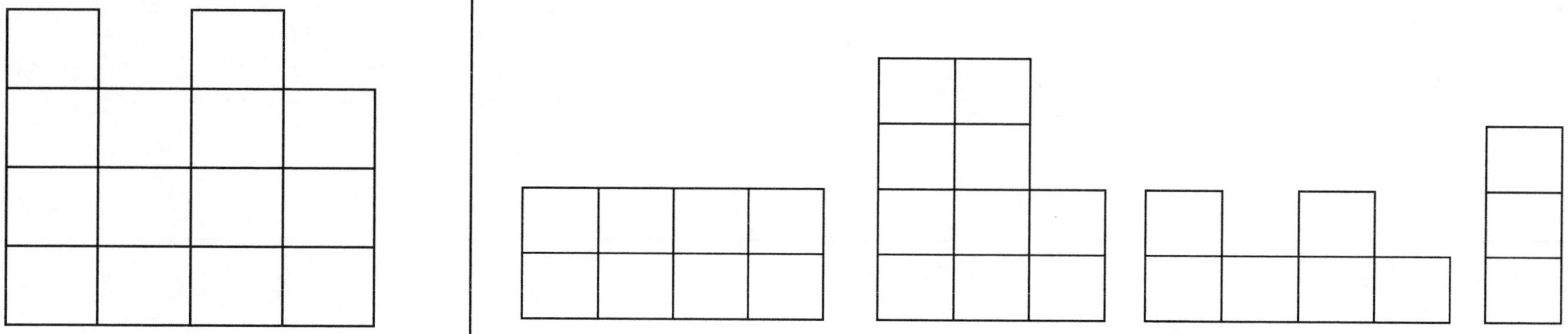

③

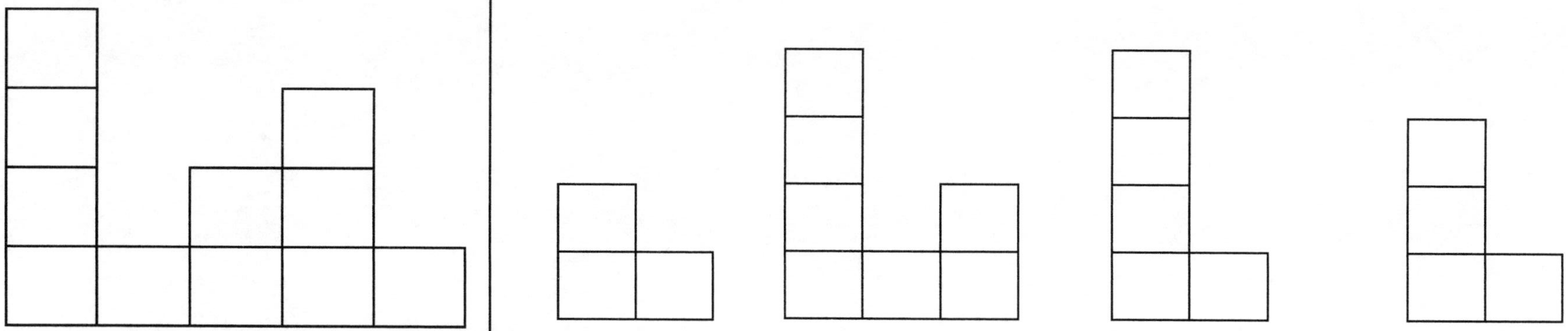

☆関西大学初等部

①②2024 年度　追手門学院・関西大学　過去　無断複製／転載を禁ずる　　日本学習図書株式会社

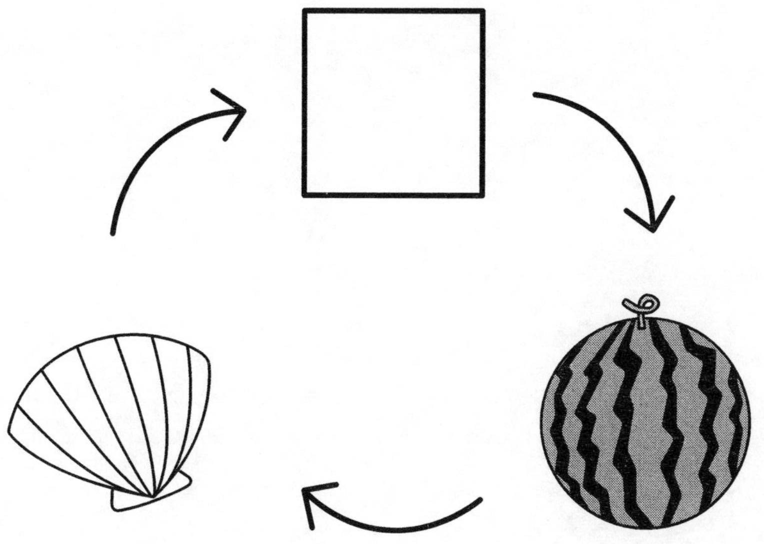

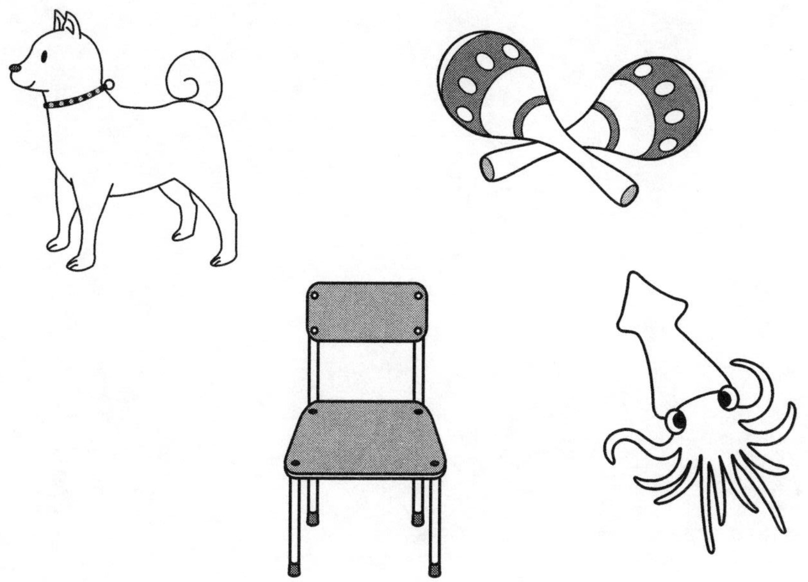

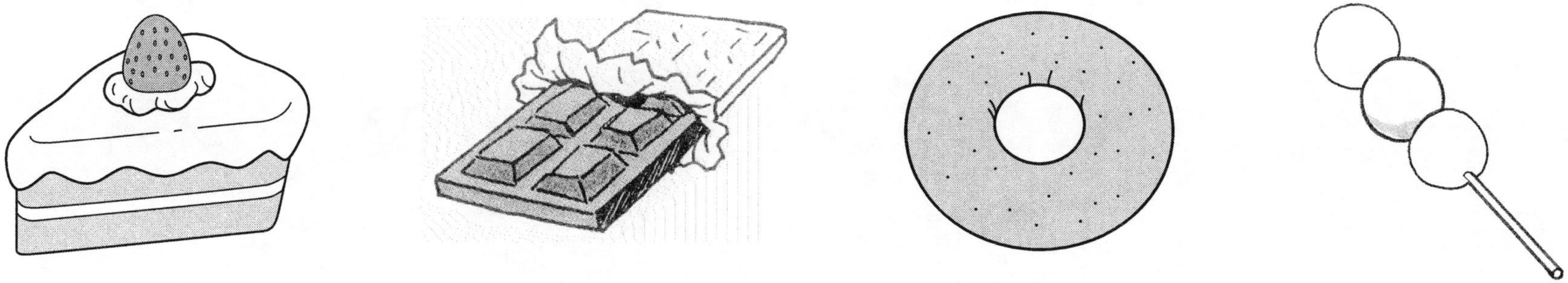

問題27

日本学習図書株式会社

☆関西大学初等部

問題２８－１

①

②

③

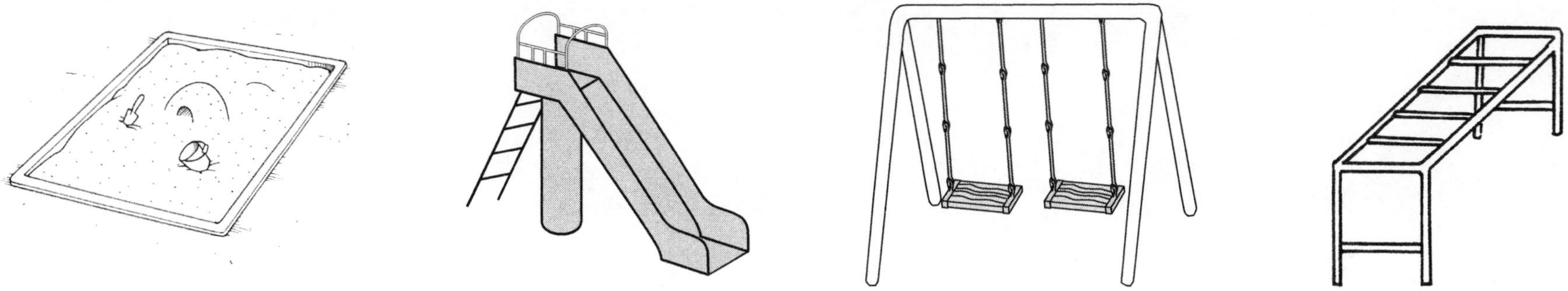

日本学習図書株式会社

④

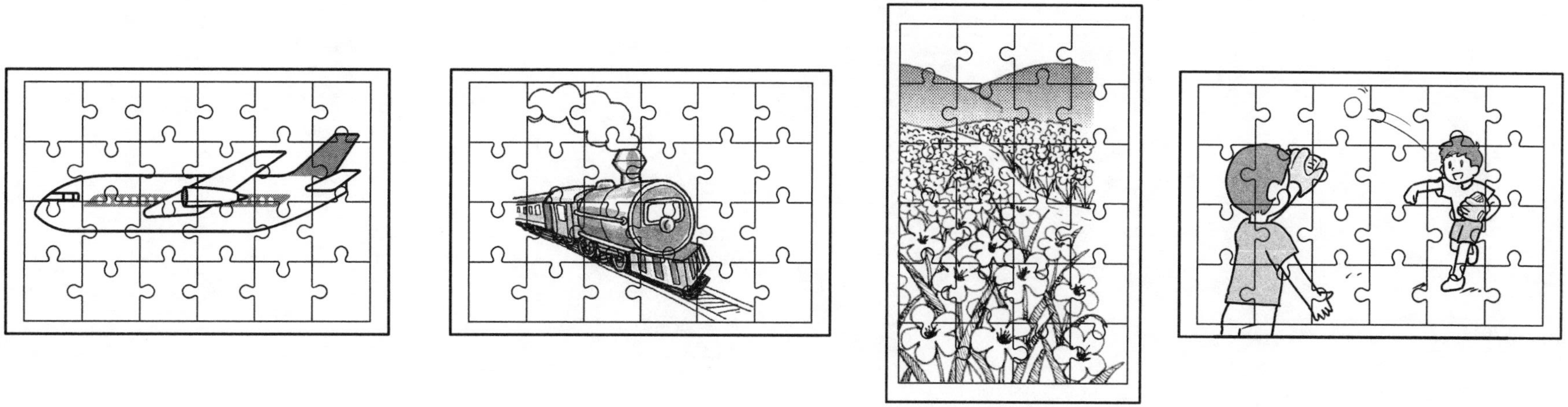

⑤

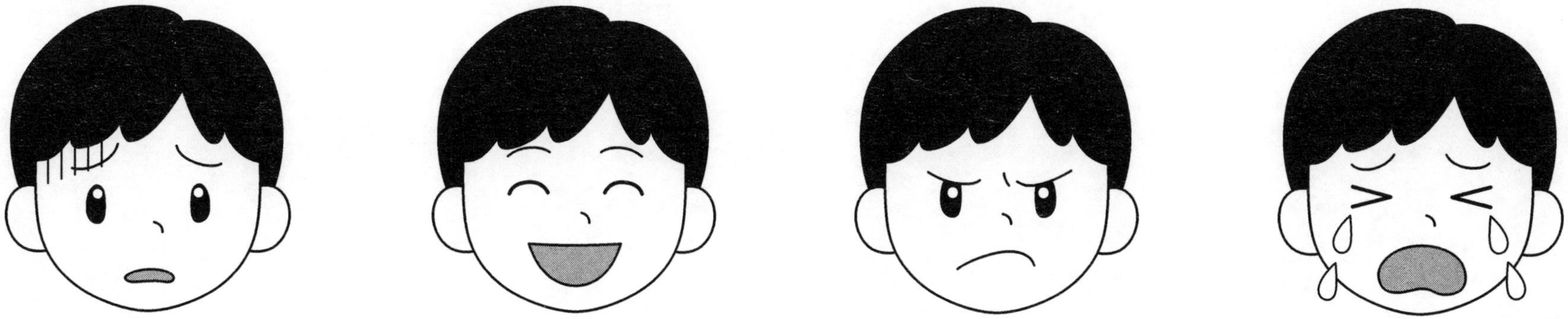

☆関西大学初等部

問題29

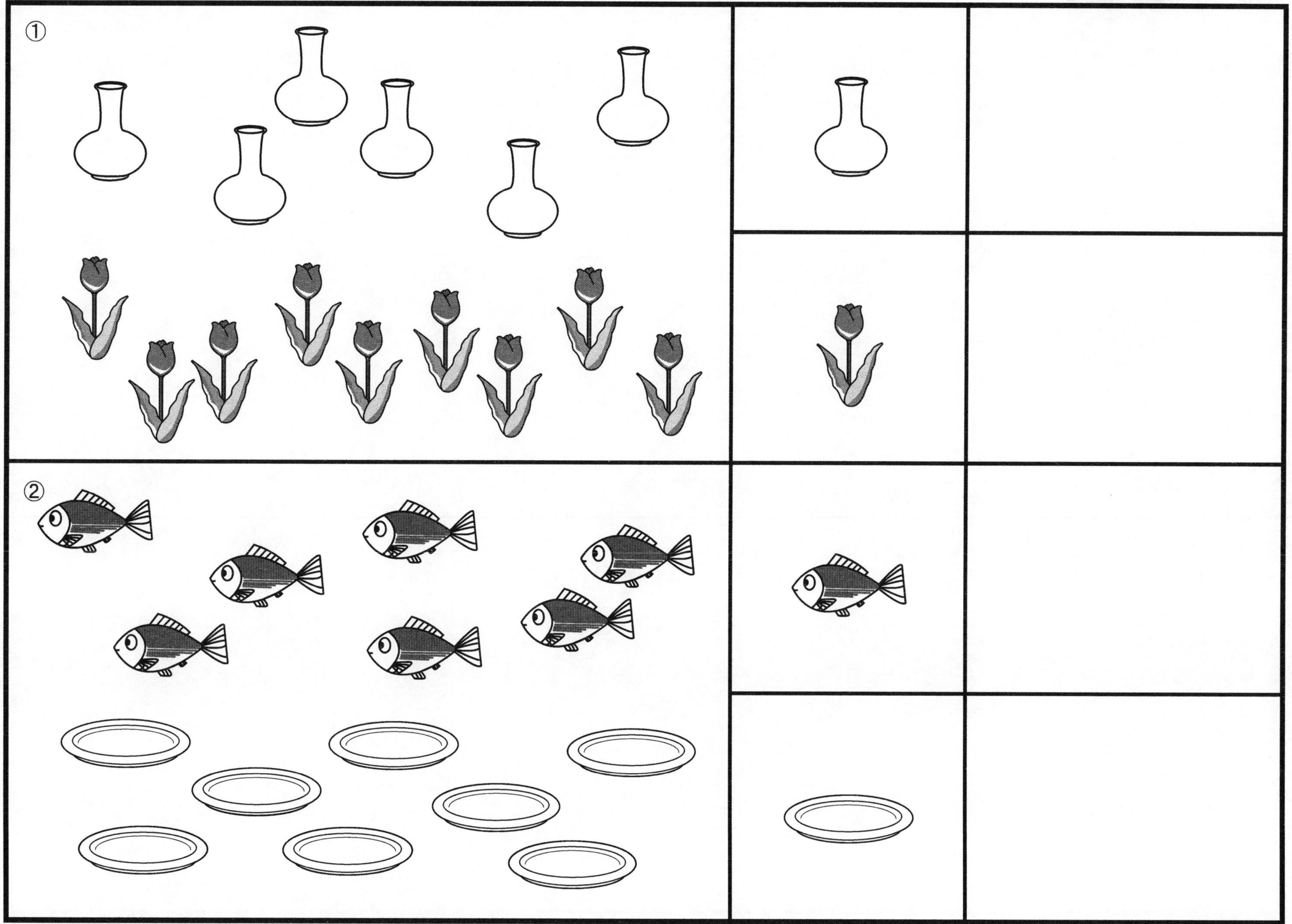

☆関西大学初等部

問題３０

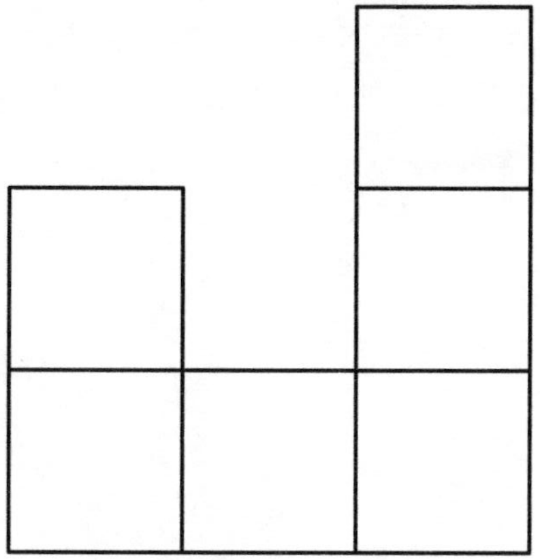

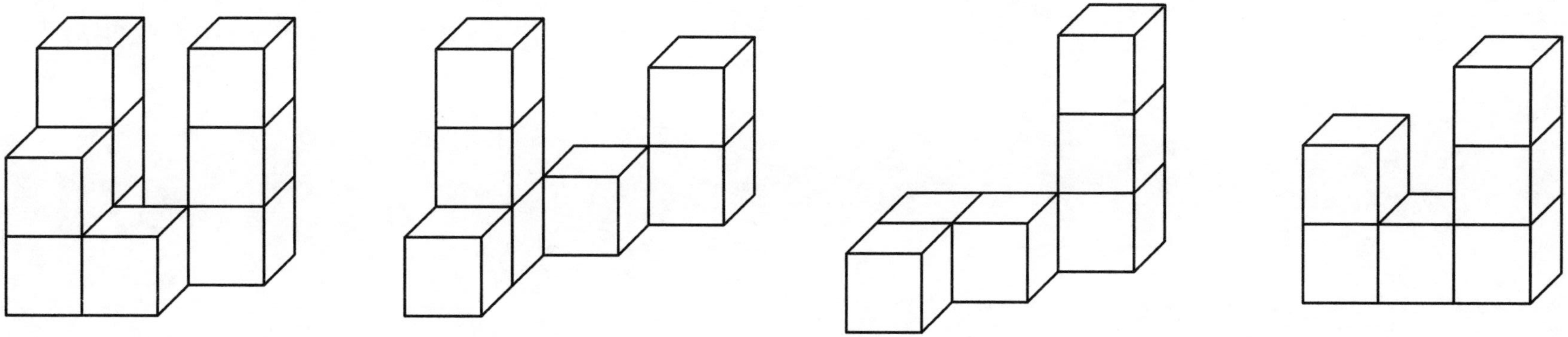

☆関西大学初等部

問題３１

①

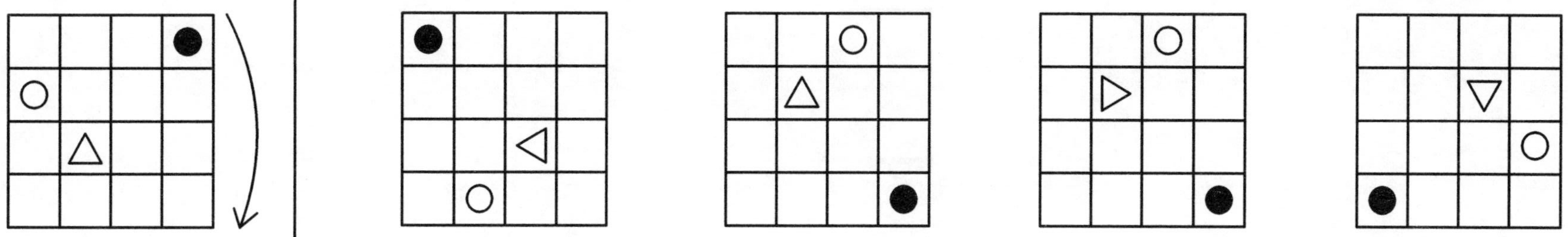

②

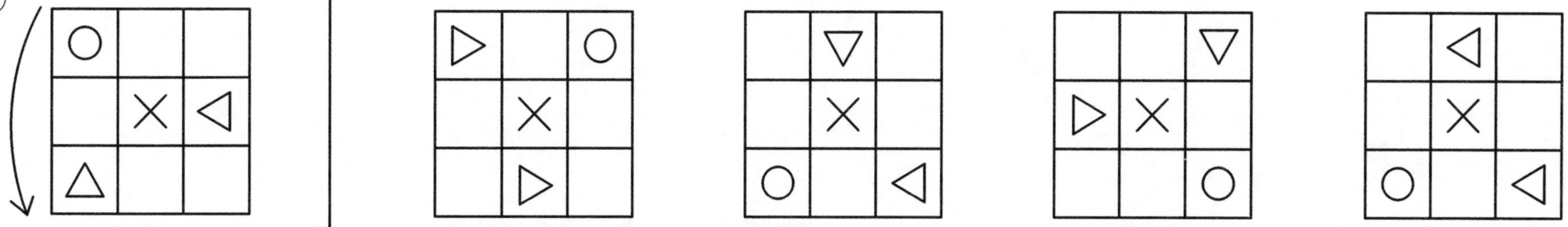

③

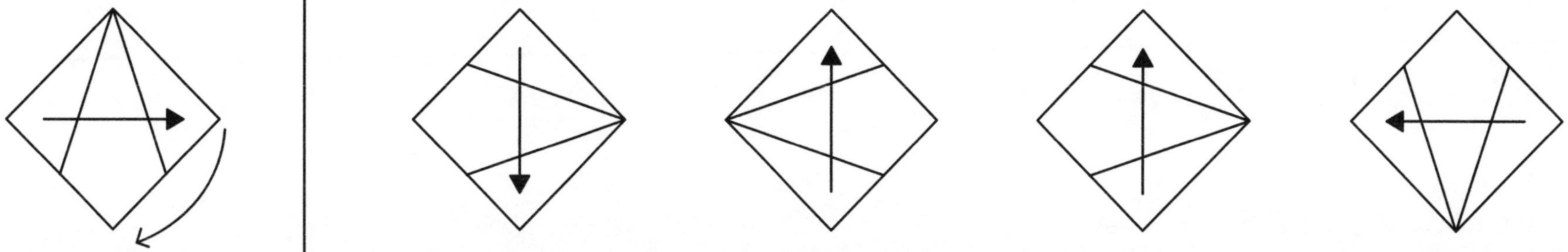

④

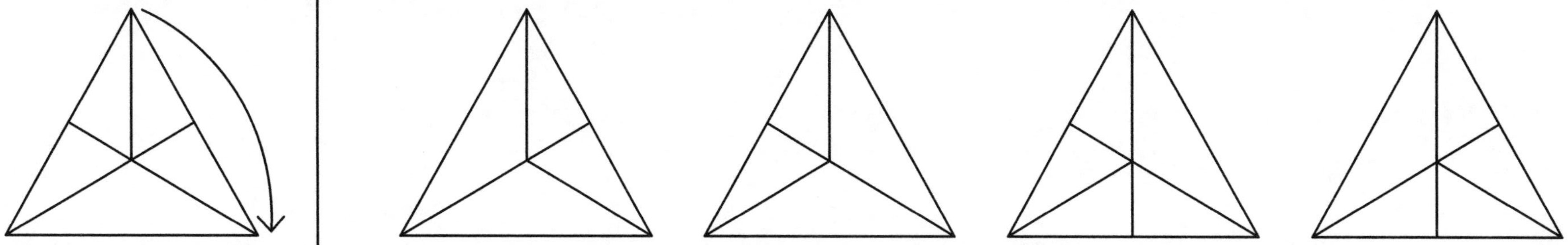

日本学習図書株式会社

①

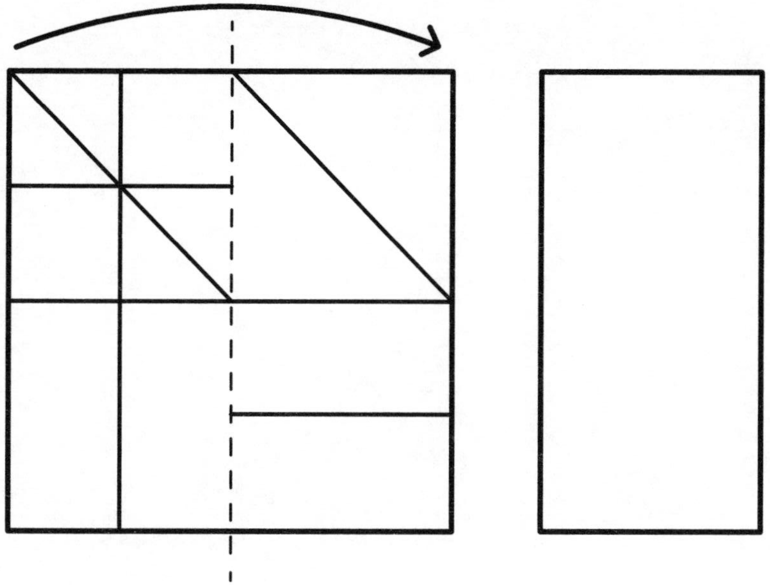

②

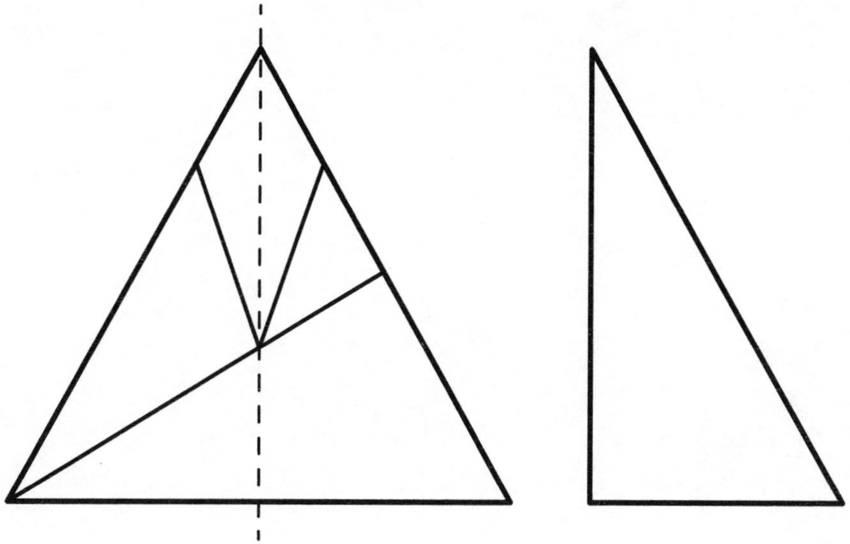

③

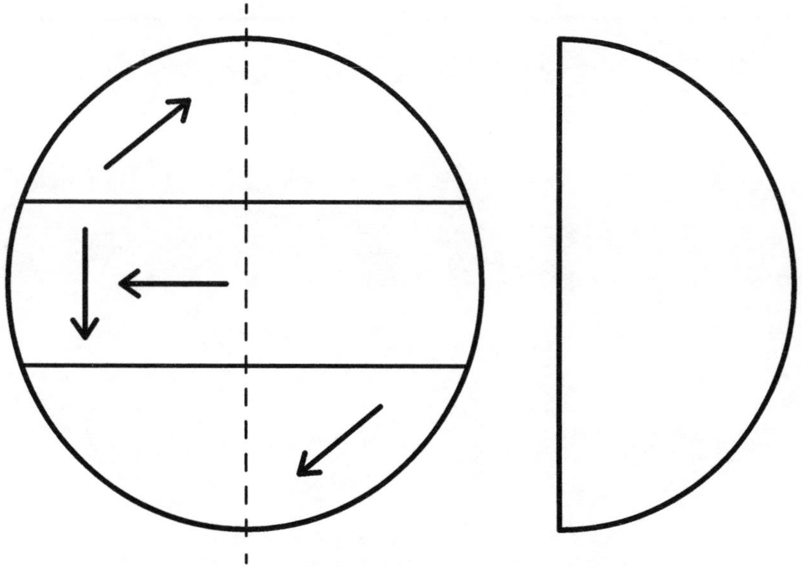

④

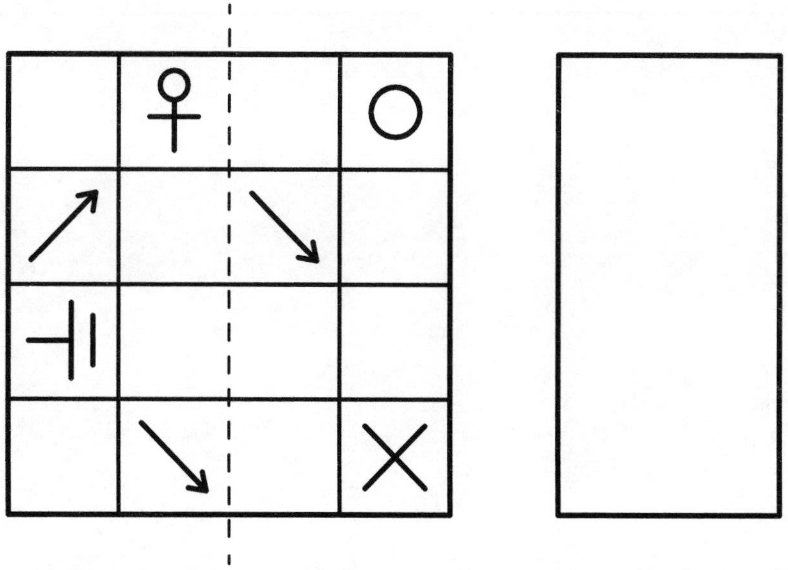

☆関西大学初等部

2024 年度　追手門学院・関西大学　過去　無断複製／転載を禁ずる　　日本学習図書株式会社

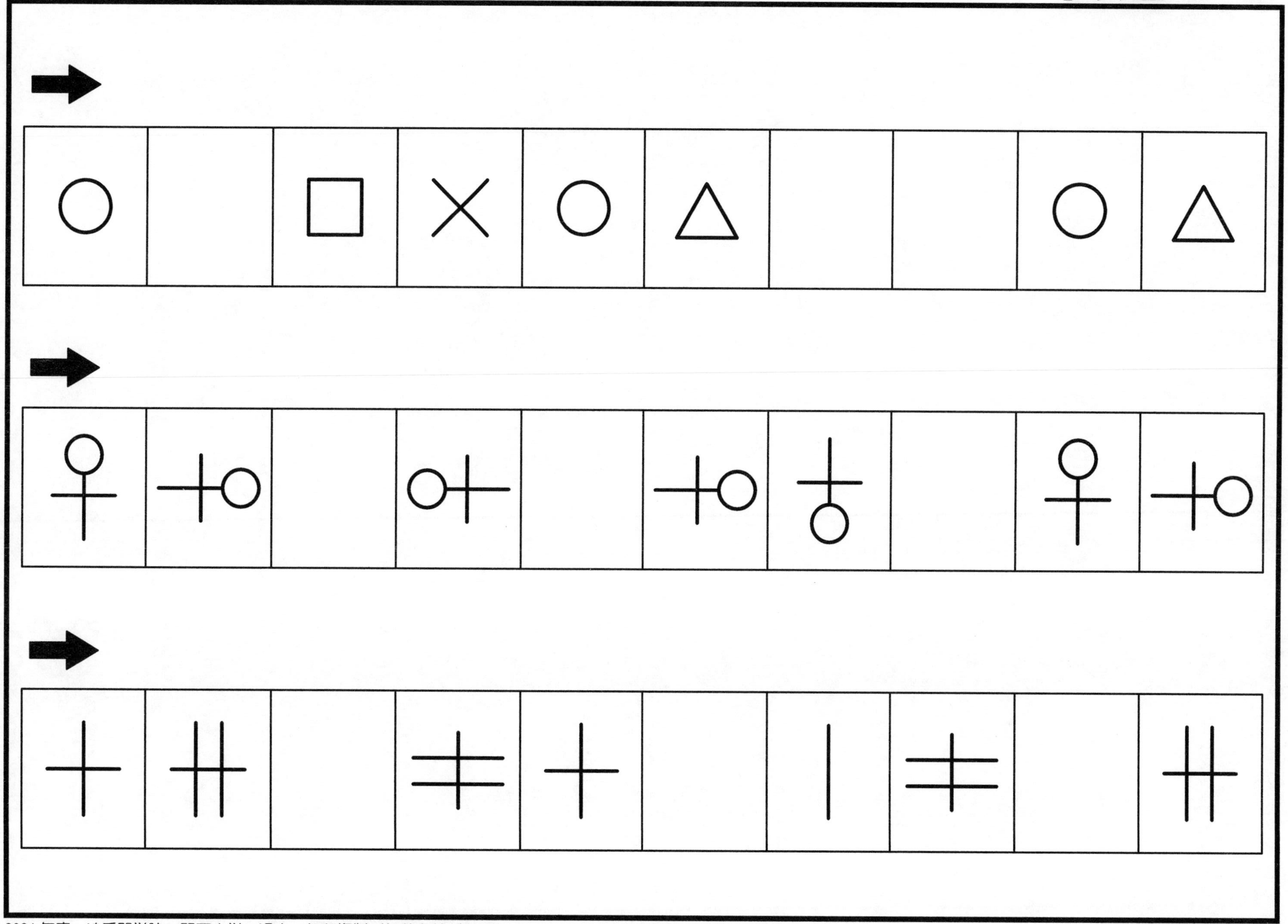

①

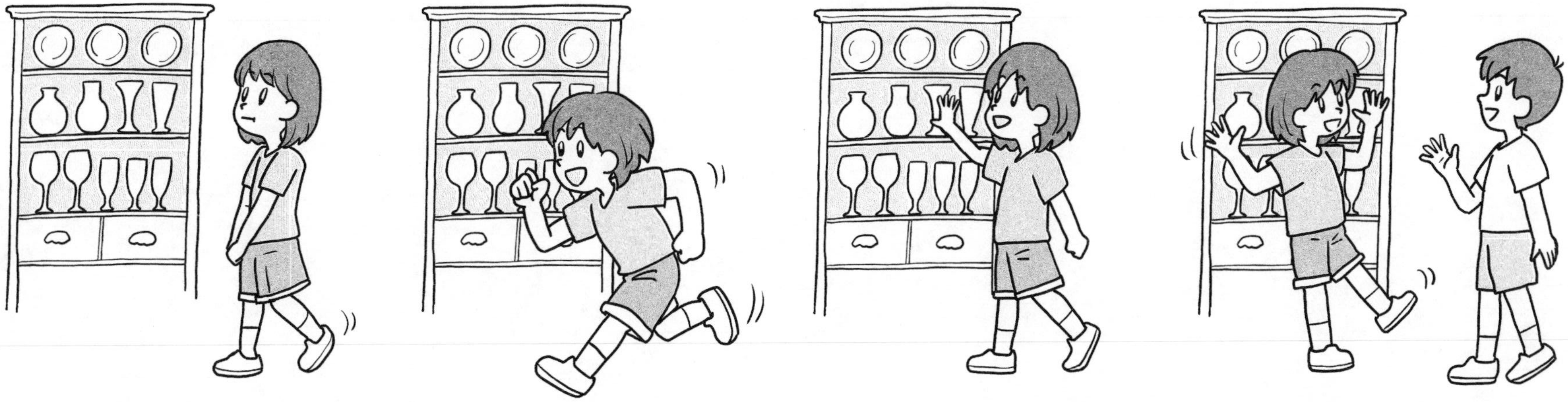

②

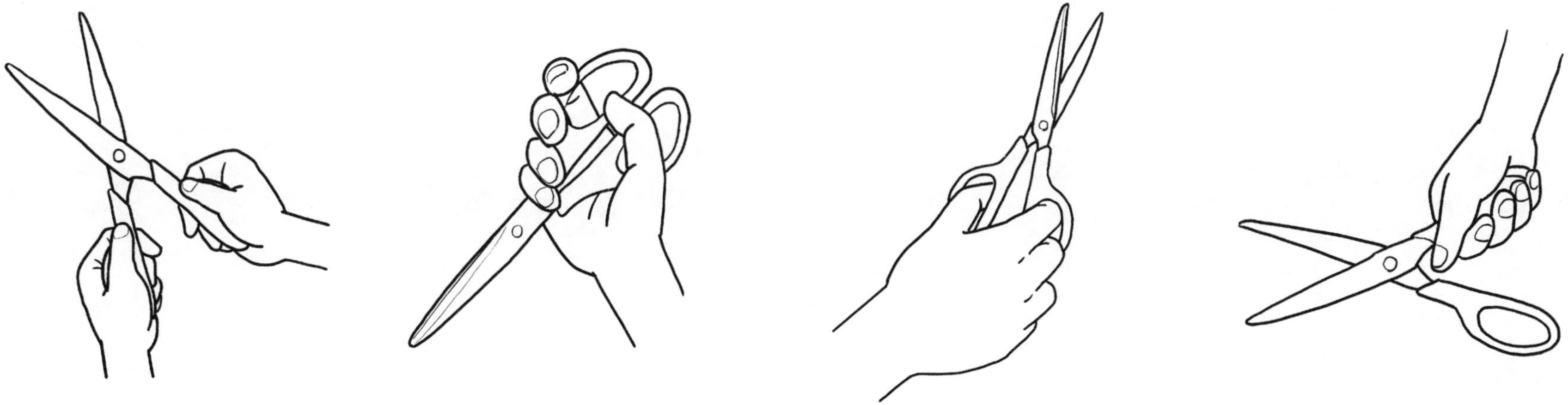

2024 年度　追手門学院・関西大学　過去　無断複製／転載を禁ずる　　　　　　　日本学習図書株式会社

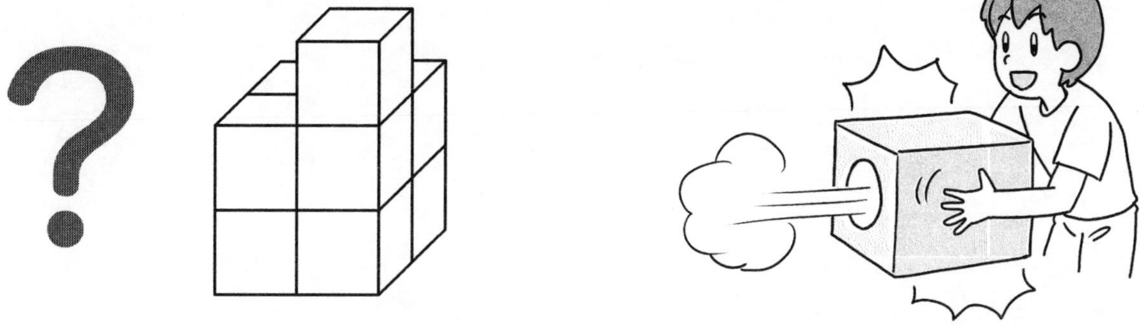

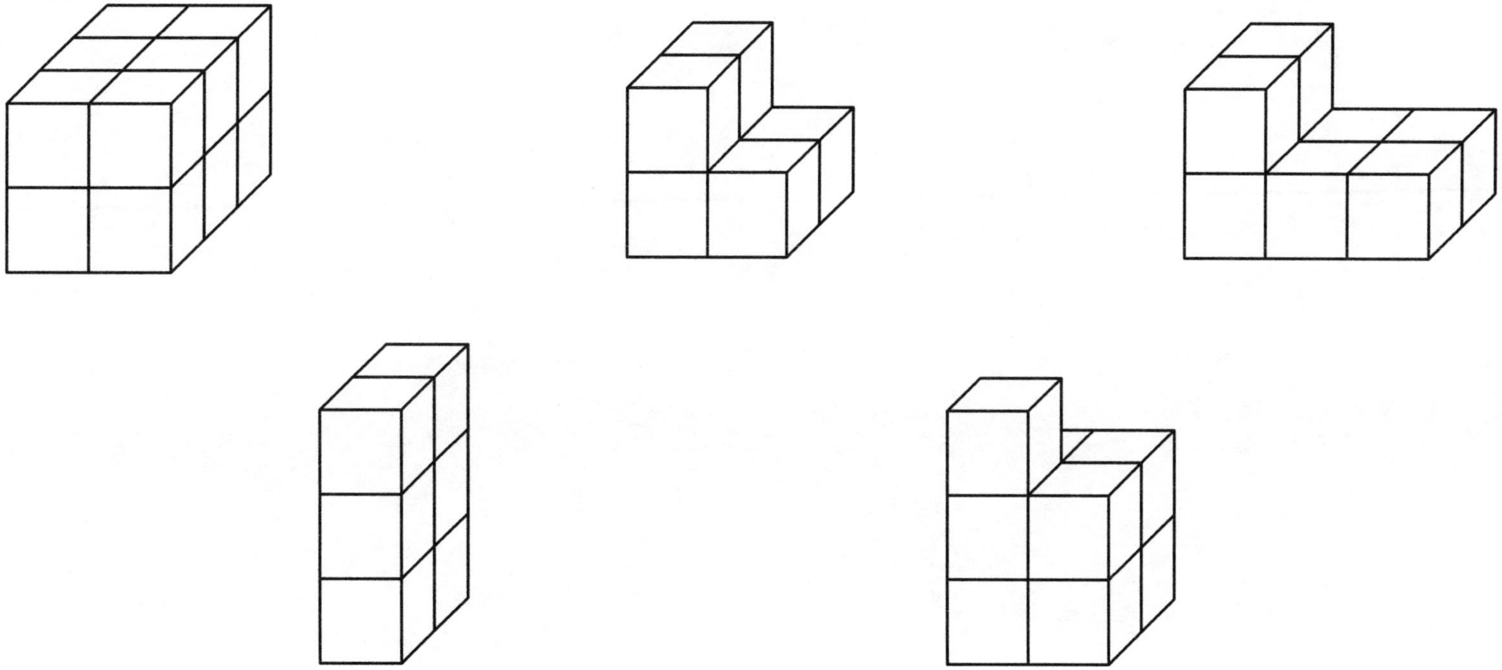

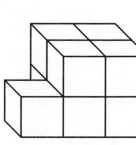

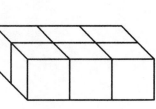

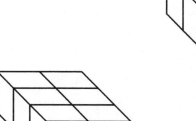

☆関西大学初等部

問題３６

問題３７

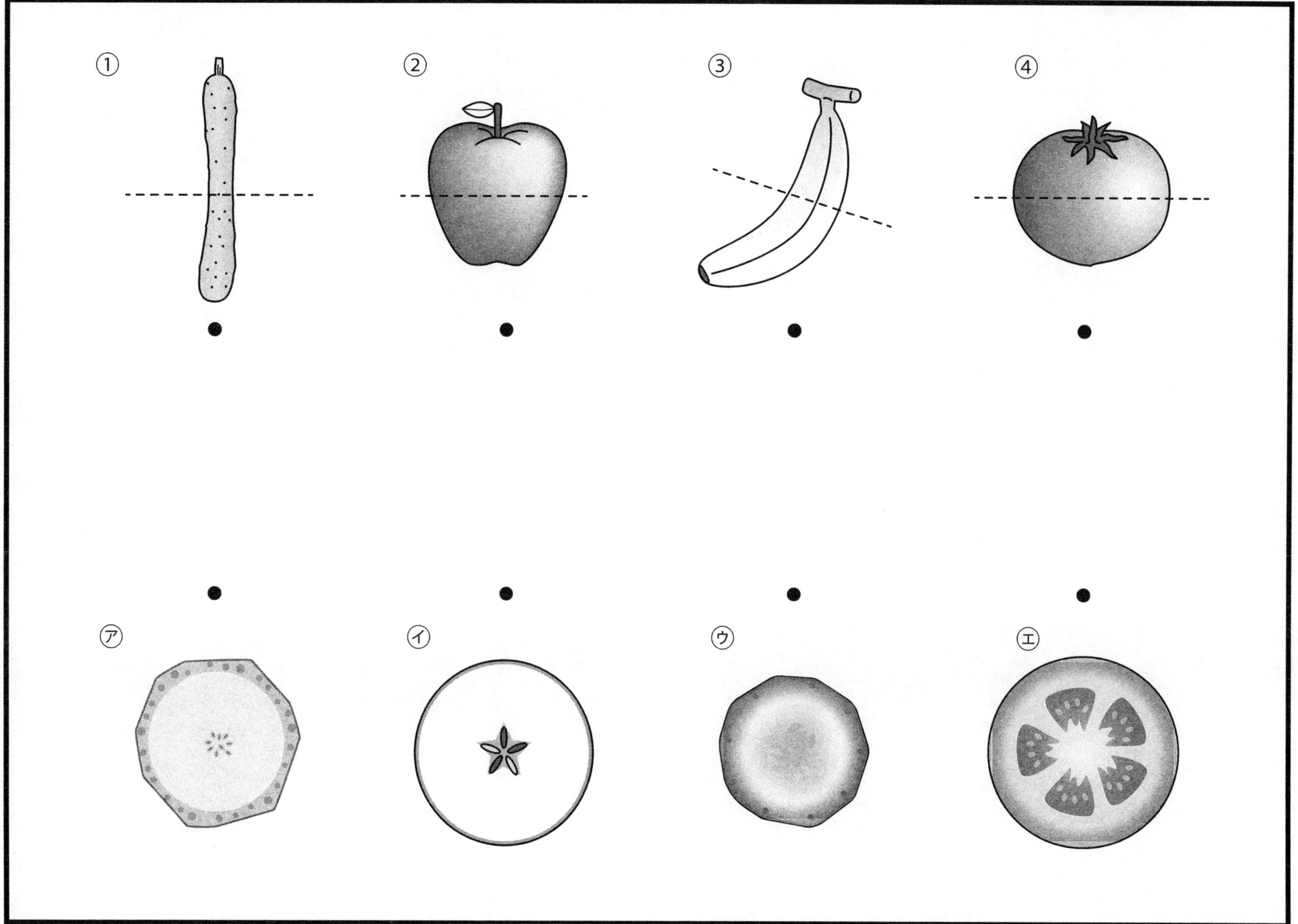

問題38－1

・青　・水色　・黄色　・黄緑
・赤　・ピンク　・オレンジ
の７色を使います。

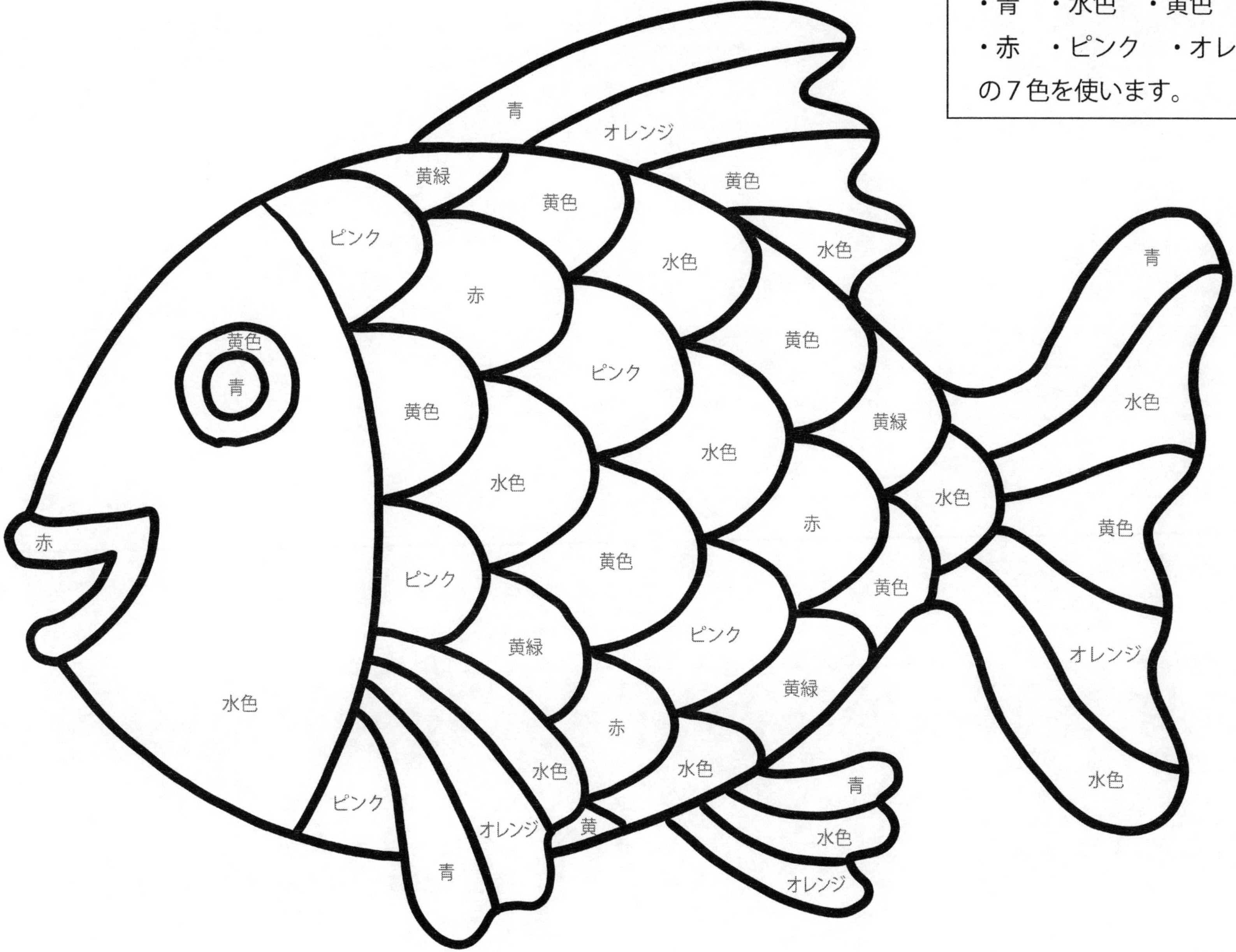

日本学習図書株式会社

問題３８－２

日本学習図書株式会社

☆関西大学初等部

問題４０

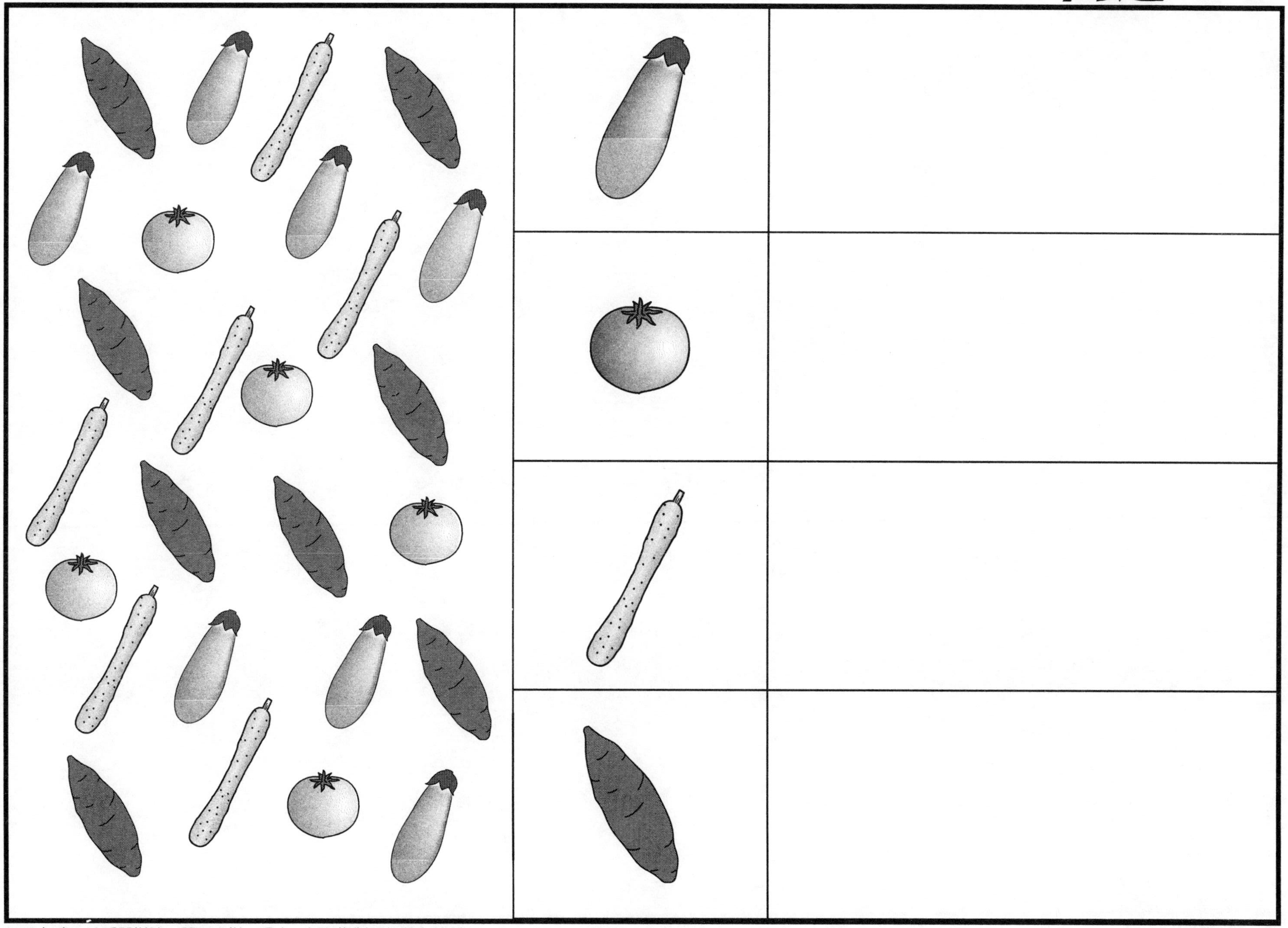

☆関西大学初等部

問題４１

①

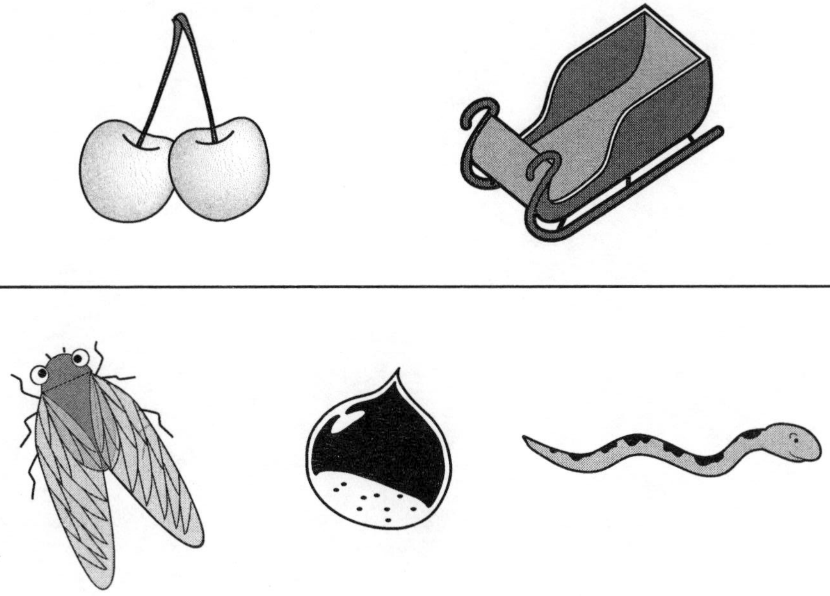

②

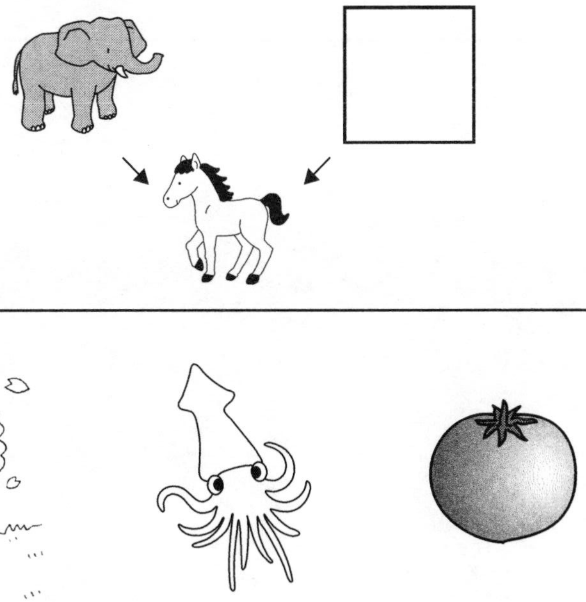

③

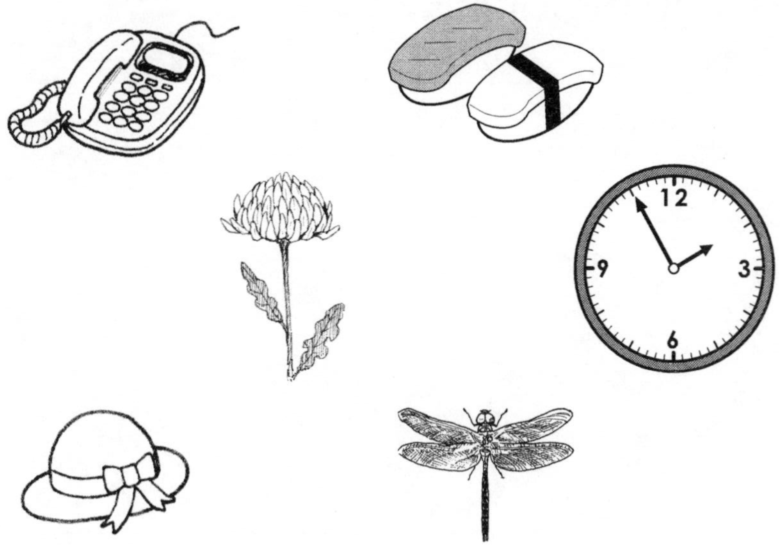

④

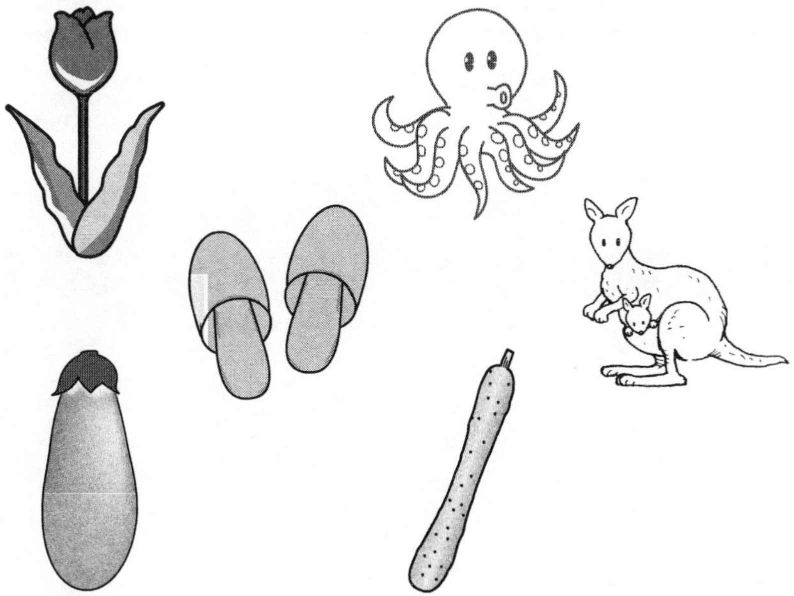

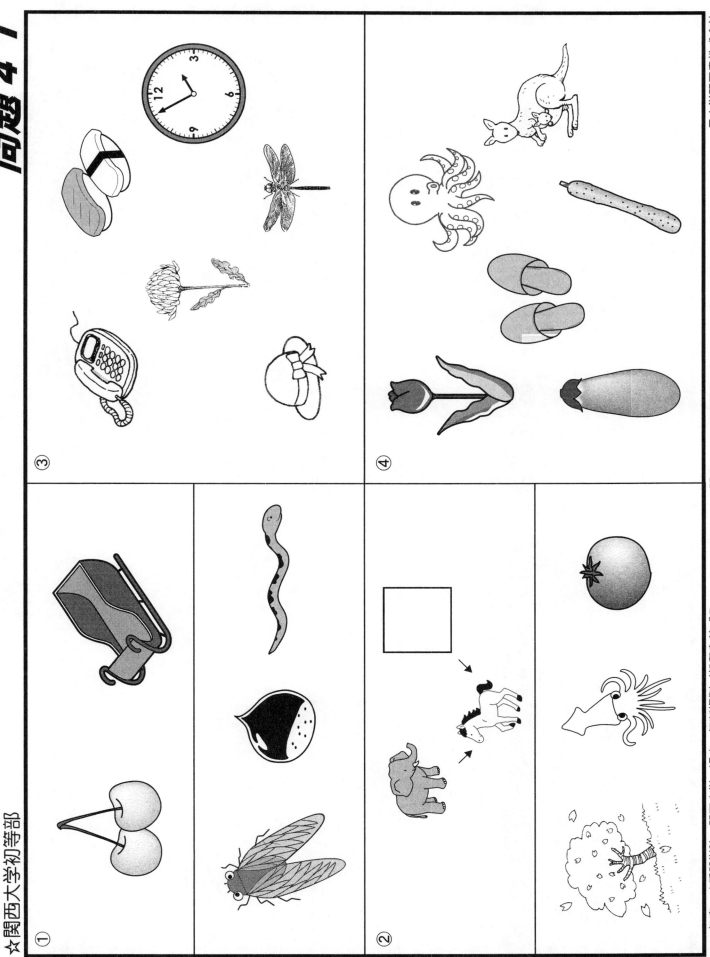

問題４２－１

①

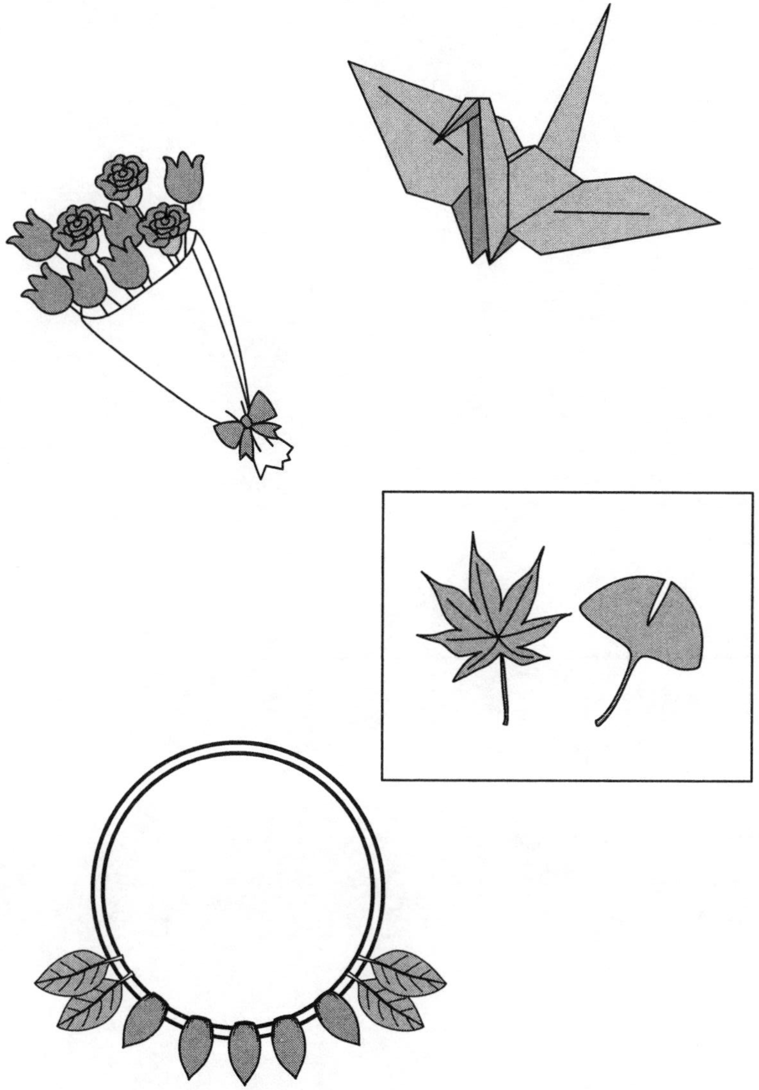

②

日本学習図書株式会社

③

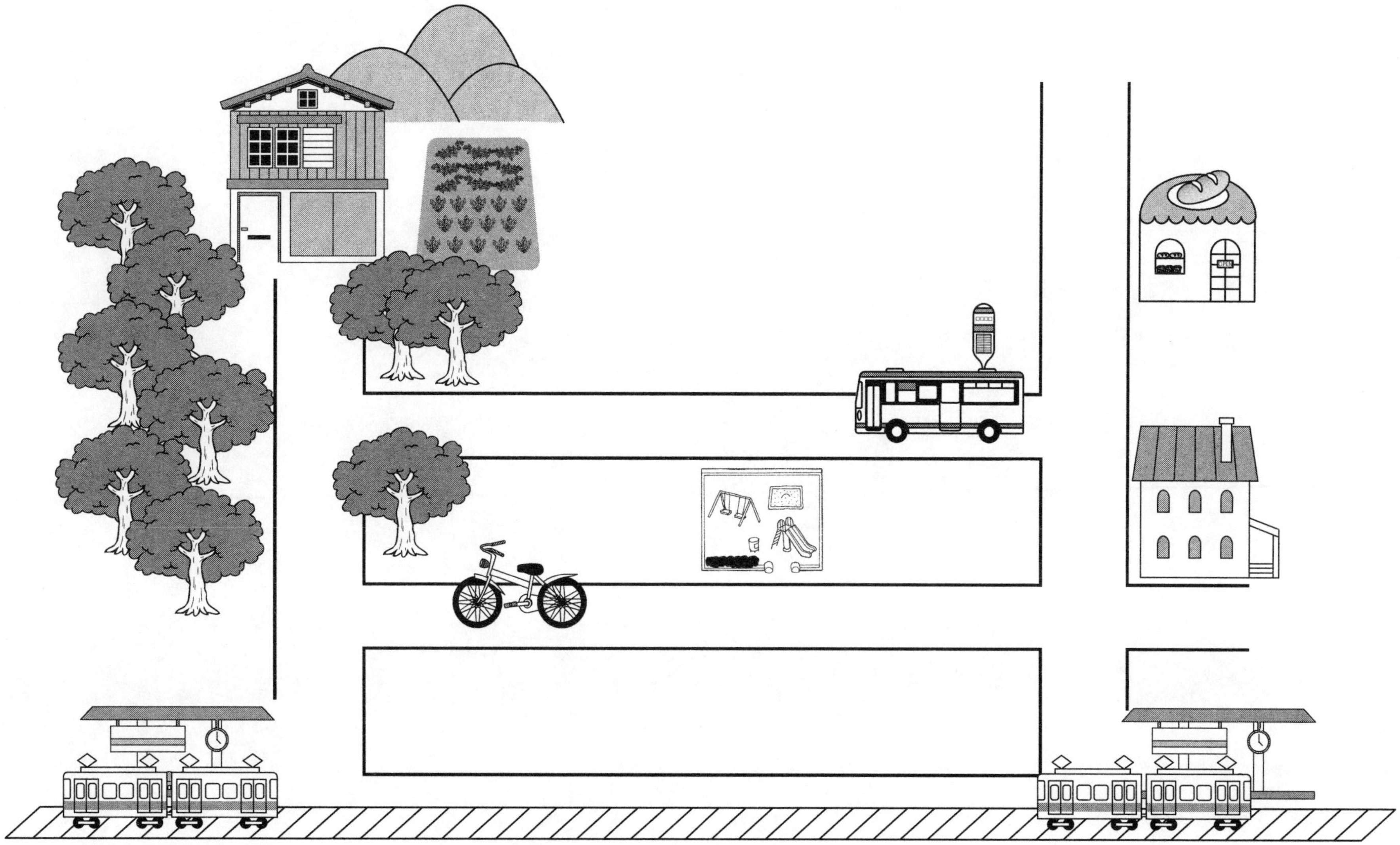

問題42－3

④

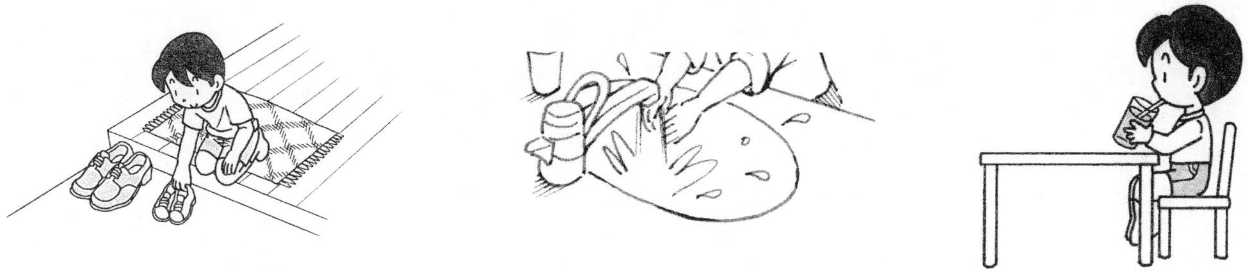

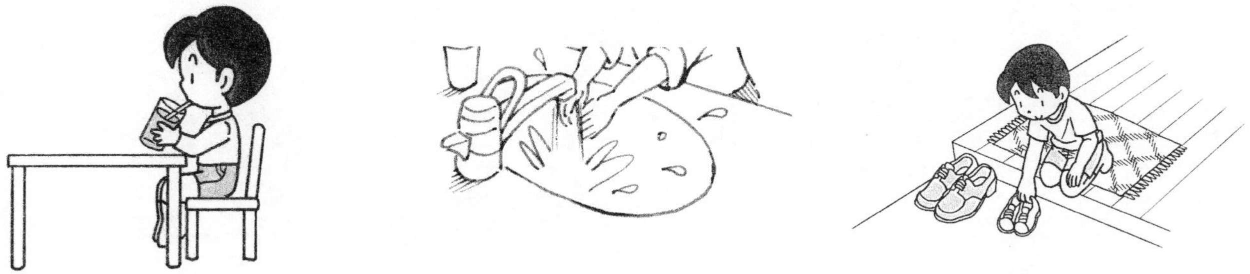

⑤

日本学習図書株式会社

問題４３

☆関西大学初等部

①

②

③

④

日本学習図書株式会社

①

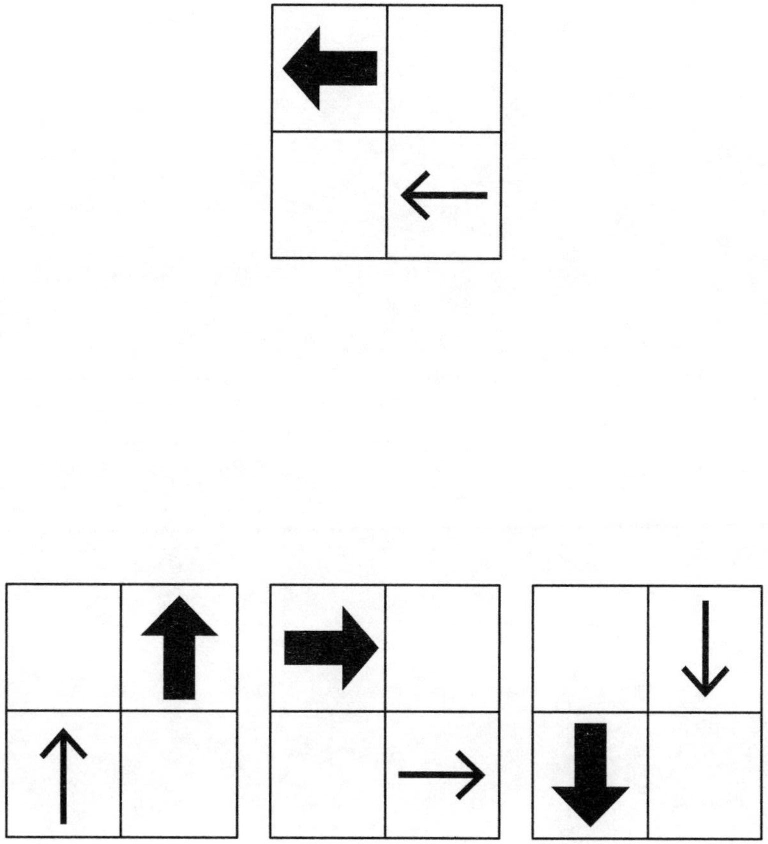

②

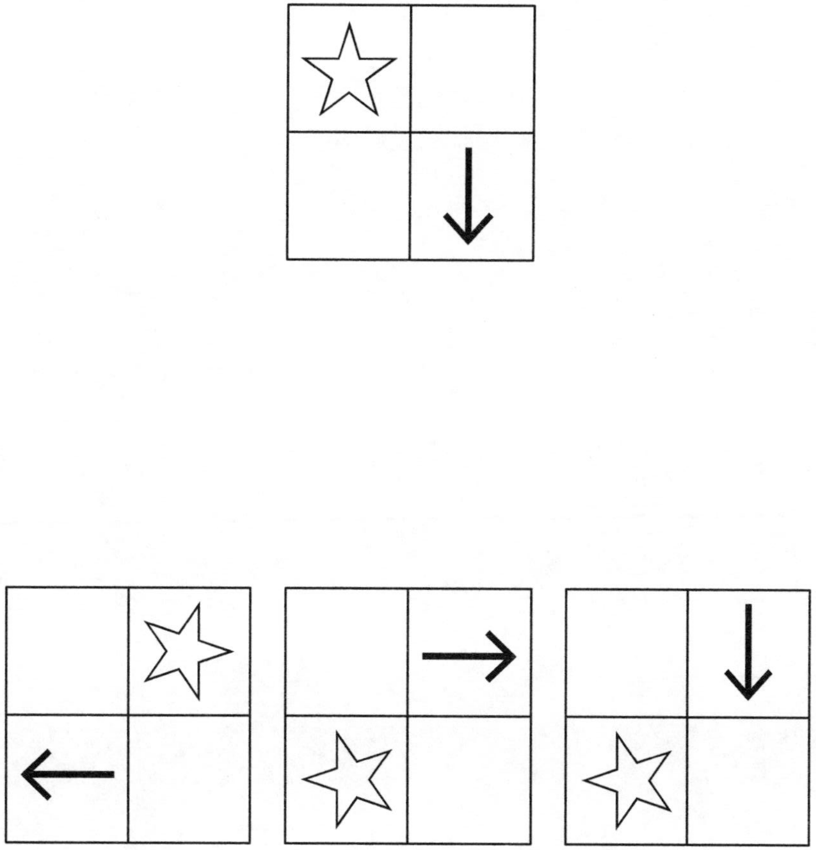

☆関西大学初等部

問題４５

①

②

③

④

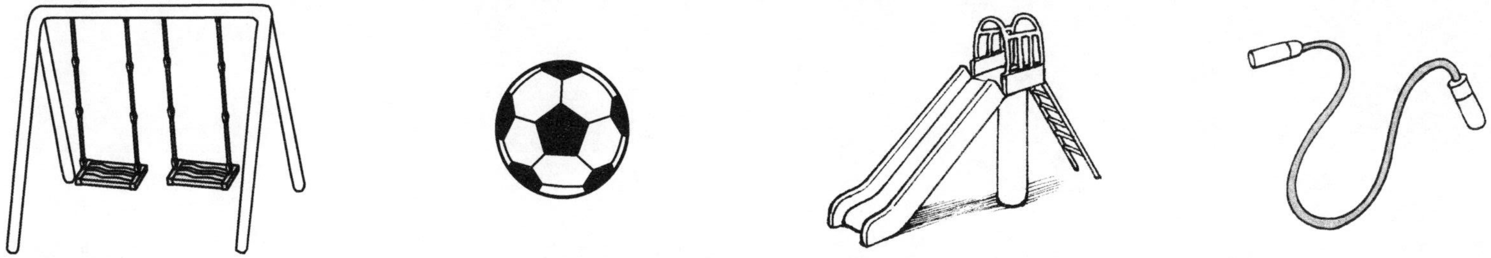

☆関西大学初等部

問題４６

①

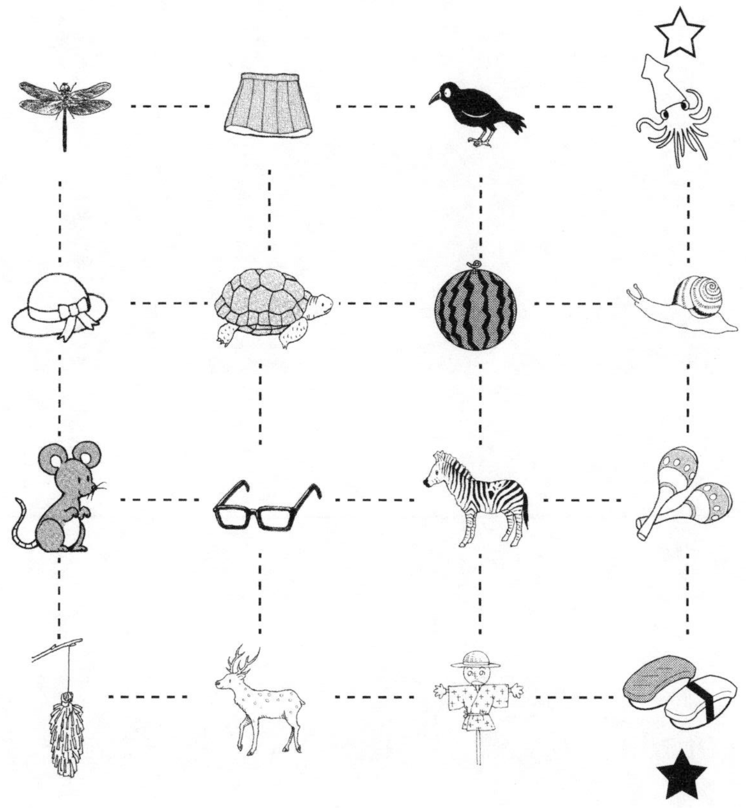

②

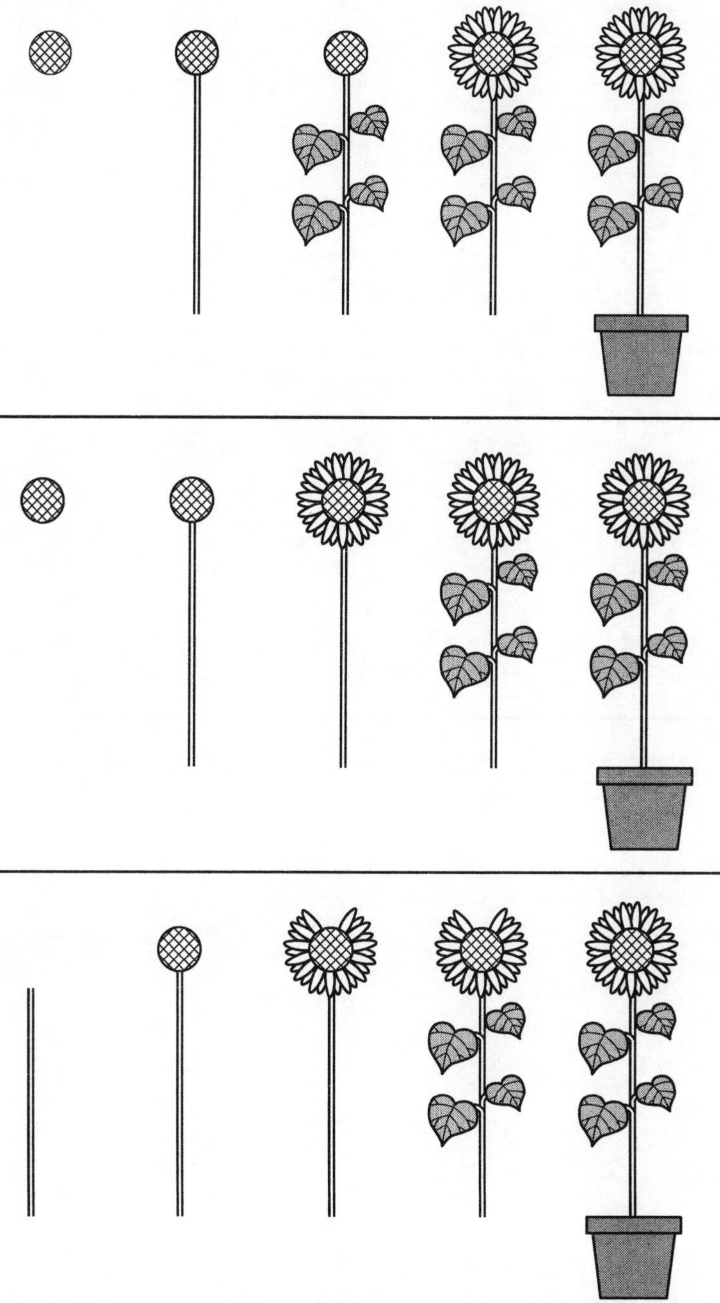

問題４７

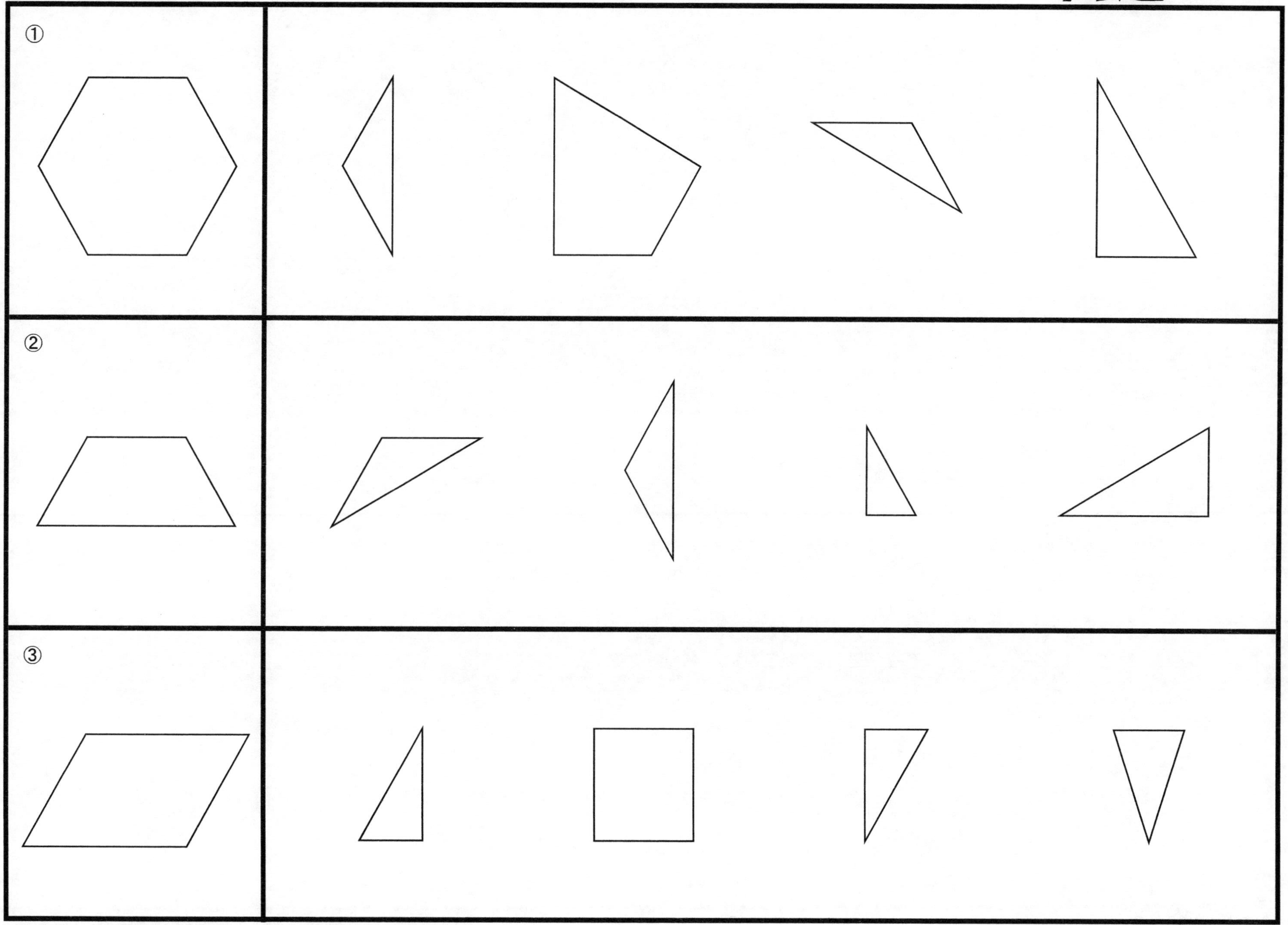

追手門学院小学校　専用注文書

年　月　日

合格のための問題集ベスト・セレクション

＊入試頻出分野ベスト３

1st　図　形　思考力　観察力

2nd　記　憶　聞く力　集中力

3rd　巧緻性　集中力　聞く力

口頭試問での出題が多く、ペーパーテスト以外の学習も重要になってきます。巧緻性、行動観察、運動などは、例年同様の問題が出されているため、しっかりと対策をしておきましょう。

分野	書　名	価格(税込)	注文	分野	書　名	価格(税込)	注文
図形	Ｊｒ・ウォッチャー３「パズル」	1,650円	冊	図形	Ｊｒ・ウォッチャー35「重ね図形」	1,650円	冊
図形	Ｊｒ・ウォッチャー４「同図形探し」	1,650円	冊	数量	Ｊｒ・ウォッチャー37「選んで数える」	1,650円	冊
図形	Ｊｒ・ウォッチャー５「回転・転回」	1,650円	冊	数量	Ｊｒ・ウォッチャー38「たし算・ひき算１」	1,650円	冊
常識	Ｊｒ・ウォッチャー11「いろいろな仲間」	1,650円	冊	数量	Ｊｒ・ウォッチャー39「たし算・ひき算２」	1,650円	冊
数量	Ｊｒ・ウォッチャー16「積み木」	1,650円	冊	言語	Ｊｒ・ウォッチャー49「しりとり」	1,650円	冊
言語	Ｊｒ・ウォッチャー17「言葉の音遊び」	1,650円	冊	巧緻性	Ｊｒ・ウォッチャー51「運筆①」	1,650円	冊
言語	Ｊｒ・ウォッチャー18「いろいろな言葉」	1,650円	冊	巧緻性	Ｊｒ・ウォッチャー52「運筆②」	1,650円	冊
記憶	Ｊｒ・ウォッチャー19「お話の記憶」	1,650円	冊	書語	Ｊｒ・ウォッチャー60「言葉の音（おん）」	1,650円	冊
記憶	Ｊｒ・ウォッチャー20「見る記憶・聴く記憶」	1,650円	冊		お話の記憶 初級編	2,860円	冊
観察	Ｊｒ・ウォッチャー28「運動」	1,650円	冊		お話の記憶 中級編	2,200円	冊
観察	Ｊｒ・ウォッチャー29「行動観察」	1,650円	冊		新 ノンペーパーテスト問題集	2,860円	冊
観察	Ｊｒ・ウォッチャー30「生活習慣」	1,650円	冊		新 口頭試問・個別テスト問題集	2,750円	冊
推理	Ｊｒ・ウォッチャー31「推理思考」	1,650円	冊		１話５分の読み聞かせお話集①・②	1,980円	各　冊
推理	Ｊｒ・ウォッチャー32「ブラックボックス」	1,650円	冊		実践 ゆびさきトレーニング①・②・③	2,750円	各　冊

合計	冊	円

（フリガナ） 氏　名	電　話 ＦＡＸ E-mail
住 所　〒　　－	以前にご注文されたことはございますか。 有　・　無

★お近くの書店、または記載の電話・FAX・ホームページにてご注文をお受けしております。
電話：03-5261-8951　FAX：03-5261-8953　代金は書籍合計金額＋送料がかかります。
※なお、落丁・乱丁以外の理由による商品の返品・交換には応じかねます。

★ご記入頂いた個人に関する情報は、当社にて厳重に管理致します。なお、ご購入の商品発送の他に、当社発行の書籍案内、書籍に関する調査に使用させて頂く場合がございますので、予めご了承ください。

日本学習図書株式会社
http://www.nichigaku.jp

関西大学初等部　専用注文書

年　　月　　日

合格のための問題集ベスト・セレクション

＊入試頻出分野ベスト３

1st 常識　知識　公衆

2nd 推理　思考力　観察力

3rd 言語　語彙　知識

出題分野が幅広いですが、日常生活に関連した知識を問うものが多いです。親子面接では、面接時間の３分の２を志願者への質問に充てられます。自分の考えを、自分の言葉で話せるようにしておきましょう。

分野	書　名	価格(税込)	注文	分野	書　名	価格(税込)	注文
図形	Ｊｒ・ウォッチャー３「パズル」	1,650円	冊	推理	Ｊｒ・ウォッチャー31「推理思考」	1,650円	冊
図形	Ｊｒ・ウォッチャー５「回転・転回」	1,650円	冊	図形	Ｊｒ・ウォッチャー35「重ね図形」	1,650円	冊
図形	Ｊｒ・ウォッチャー６「系列」	1,650円	冊	数量	Ｊｒ・ウォッチャー38「たし算・ひき算１」	1,650円	冊
常識	Ｊｒ・ウォッチャー12「日常生活」	1,650円	冊	数量	Ｊｒ・ウォッチャー39「たし算・ひき算２」	1,650円	冊
数量	Ｊｒ・ウォッチャー14「数える」	1,650円	冊	図形	Ｊｒ・ウォッチャー46「回転図形」	1,650円	冊
数量	Ｊｒ・ウォッチャー16「積み木」	1,650円	冊	図形	Ｊｒ・ウォッチャー47「座標の移動」	1,650円	冊
言語	Ｊｒ・ウォッチャー17「言葉の音遊び」	1,650円	冊	知識	Ｊｒ・ウォッチャー55「理科②」	1,650円	冊
言語	Ｊｒ・ウォッチャー18「いろいろな言葉」	1,650円	冊	常識	Ｊｒ・ウォッチャー56「マナーとルール」	1,650円	冊
記憶	Ｊｒ・ウォッチャー19「お話の記憶」	1,650円	冊	推理	Ｊｒ・ウォッチャー59「欠如補完」	1,650円	冊
記憶	Ｊｒ・ウォッチャー20「見る記憶・聴く記憶」	1,650円	冊	言語	Ｊｒ・ウォッチャー60「言葉の音（おん）」	1,650円	冊
知識	Ｊｒ・ウォッチャー27「理科」	1,650円	冊		新小学校受験の入試面接Ｑ＆Ａ	2,860円	冊
観察	Ｊｒ・ウォッチャー28「運動」	1,650円	冊		１話５分の読み聞かせお話集①・②	1,980円	各　冊
観察	Ｊｒ・ウォッチャー29「行動観察」	1,650円	冊		家庭で行う面接テスト問題集	2,200円	冊
観察	Ｊｒ・ウォッチャー30「生活習慣」	1,650円	冊		保護者のための面接最強マニュアル	2,200円	冊

合計	冊	円

（フリガナ） 氏　名	電　話 ＦＡＸ E-mail
住 所　〒　　　－	以前にご注文されたことはございますか。 有　・　無

★お近くの書店、または記載の電話・FAX・ホームページにてご注文をお受けしております。
電話：03-5261-8951　FAX：03-5261-8953　代金は書籍合計金額＋送料がかかります。
※なお、落丁・乱丁以外の理由による商品の返品・交換には応じかねます。
★ご記入頂いた個人に関する情報は、当社にて厳重に管理致します。なお、ご購入の商品発送の他に、当社発行の書籍案内、書籍に関する調査に使用させて頂く場合がございますので、予めご了承ください。

日本学習図書株式会社
http://www.nichigaku.jp

図書カード1000円分プレゼント

ご記入日　令和　　年　　月　　日

☆国・私立小学校受験アンケート☆

※可能な範囲でご記入下さい。選択肢は○で囲んで下さい。

〈小学校名〉＿＿＿＿＿＿＿＿＿＿＿＿　〈お子さまの性別〉男・女　〈誕生月〉＿＿月

〈その他の受験校〉（複数回答可）＿＿＿＿＿＿＿＿＿＿＿＿＿＿＿＿＿＿＿＿

〈受験日〉①：＿＿月＿＿日　〈時間〉＿＿時＿＿分　～　＿＿時＿＿分

②：＿＿月＿＿日　〈時間〉＿＿時＿＿分　～　＿＿時＿＿分

〈受験者数〉男女計＿＿名　（男子＿＿名　女子＿＿名）

〈お子さまの服装〉＿＿＿＿＿＿＿＿＿＿＿＿＿＿＿＿

〈入試全体の流れ〉（記入例）準備体操→行動観察→ペーパーテスト

＿＿＿＿＿＿＿＿＿＿＿＿＿＿＿＿＿＿＿＿＿＿＿＿

Eメールによる情報提供

日本学習図書では、Eメールでも入試情報を募集しております。

下記のアドレスに、アンケートの内容をご入力の上、メールをお送り下さい。

ojuken@nichigaku.jp

●行動観察　（例）好きなおもちゃで遊ぶ・グループで協力するゲームなど

〈実施日〉＿＿月＿＿日　〈時間〉＿＿時＿＿分　～　＿＿時＿＿分　〈着替え〉□有　□無

〈出題方法〉□肉声　□録音　□その他（　　　　　）　〈お手本〉□有　□無

〈試験形態〉□個別　□集団（　　人程度）

〈会場図〉

〈内容〉

□自由遊び

＿＿＿＿＿＿＿＿＿＿＿＿＿＿＿＿＿＿＿＿

□グループ活動

＿＿＿＿＿＿＿＿＿＿＿＿＿＿＿＿＿＿＿＿

□その他

＿＿＿＿＿＿＿＿＿＿＿＿＿＿＿＿＿＿＿＿

●運動テスト（有・無）　（例）跳び箱・チームでの競争など

〈実施日〉＿＿月＿＿日　〈時間〉＿＿時＿＿分　～　＿＿時＿＿分　〈着替え〉□有　□無

〈出題方法〉□肉声　□録音　□その他（　　　　　）　〈お手本〉□有　□無

〈試験形態〉□個別　□集団（　　人程度）

〈会場図〉

〈内容〉

□サーキット運動

□走り　□跳び箱　□平均台　□ゴム跳び

□マット運動　□ボール運動　□なわ跳び

□クマ歩き

□グループ活動＿＿＿＿＿＿＿＿＿＿＿＿＿＿＿＿

□その他＿＿＿＿＿＿＿＿＿＿＿＿＿＿＿＿＿＿

●知能テスト・口頭試問

〈実施日〉　　　月　　　日　〈時間〉　　　時　　　分　～　　　時　　　分　〈お手本〉□有　□無

〈出題方法〉　□肉声　□録音　□その他（　　　　　　　）〈問題数〉　　　枚　　　問

分野	方法	内　　容	詳　細・イ　ラ　ス　ト
（例） お話の記憶	☑筆記 □口頭	動物たちが待ち合わせをする話	（あらすじ） 動物たちが待ち合わせをした。最初にウサギさんが来た。次にイヌくんが、その次にネコさんが来た。最後にタヌキくんが来た。 （問題・イラスト） ３番目に来た動物は誰か 
お話の記憶	□筆記 □口頭		（あらすじ） （問題・イラスト）
図形	□筆記 □口頭		
言語	□筆記 □口頭		
常識	□筆記 □口頭		
数量	□筆記 □口頭		
推理	□筆記 □口頭		
その他	□筆記 □口頭		

日本学習図書株式会社

●制作　（例）ぬり絵・お絵かき・工作遊びなど

〈実施日〉＿＿月＿＿日 **〈時間〉**＿＿時＿＿分　～　＿＿時＿＿分

〈出題方法〉　□肉声　□録音　□その他（　　　　　　）**〈お手本〉**□有　□無

〈試験形態〉　□個別　□集団（　　　　人程度）

材料・道具	制作内容
□ハサミ □のり（□つぼ　□液体　□スティック） □セロハンテープ □鉛筆　□クレヨン（　色） □クーピーペン（　色） □サインペン（　色）□ □画用紙（□ A4　□ B4　□ A3 □その他：　　　　　　） □折り紙　□新聞紙　□粘土 □その他（　　　　　　）	□切る　□貼る　□塗る　□ちぎる　□結ぶ　□描く　□その他（　　　　　　） タイトル：＿＿＿＿＿＿＿＿＿＿

●面接

〈実施日〉＿＿月＿＿日 **〈時間〉**＿＿時＿＿分　～　＿＿時＿＿分 **〈面接担当者〉**＿＿＿名

〈試験形態〉□志願者のみ（　　）名　□保護者のみ　□親子同時　□親子別々

〈質問内容〉

□志望動機　□お子さまの様子

□家庭の教育方針

□志望校についての知識・理解

□その他（　　　　　　　　　　　　）

（　詳　細　）

・

・

・

・

※試験会場の様子をご記入下さい。

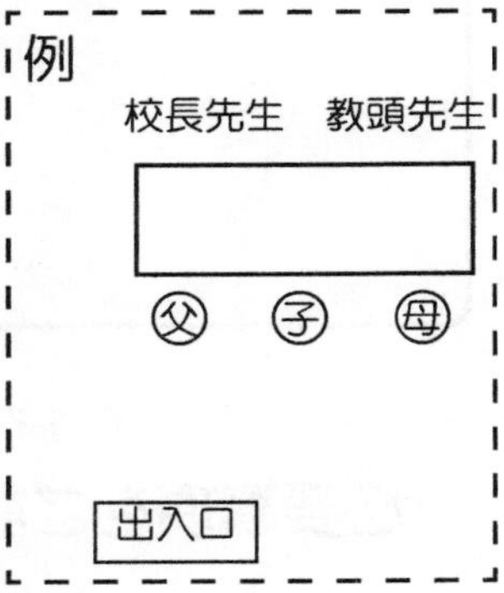

●保護者作文・アンケートの提出（有・無）

〈提出日〉　□面接直前　□出願時　□志願者考査中　□その他（　　　　　　　）

〈下書き〉　□有　□無

〈アンケート内容〉

（記入例）当校を志望した理由はなんですか（150 字）

●**説明会**（□有　□無）〈開催日〉＿＿月＿＿日〈時間〉＿＿時＿＿分＿＿～＿＿時＿＿分

〈上履き〉　□要　□不要　〈願書配布〉　□有　□無　〈校舎見学〉　□有　□無

〈ご感想〉

●**参加された学校行事**（複数回答可）

公開授業〈開催日〉＿＿月＿＿日〈時間〉＿＿時＿＿分＿＿～＿＿時＿＿分

運動会など〈開催日〉＿＿月＿＿日〈時間〉＿＿時＿＿分＿＿～＿＿時＿＿分

学習発表会・音楽会など〈開催日〉＿＿月＿＿日〈時間〉＿＿時＿＿分＿＿～＿＿時＿＿分

〈ご感想〉

※是非参加したほうがよいと感じた行事について

●**受験を終えてのご感想、今後受験される方へのアドバイス**

※対策学習（重点的に学習しておいた方がよい分野）、当日準備しておいたほうがよい物など

＊＊＊＊＊＊＊＊＊＊＊＊　ご記入ありがとうございました　＊＊＊＊＊＊＊＊＊＊＊＊

必要事項をご記入の上、ポストにご投函ください。

なお、本アンケートの送付期限は入試終了後３ヶ月とさせていただきます。また、入試に関する情報の記入量が当社の基準に満たない場合、謝礼の送付ができないことがございます。あらかじめご了承ください。

ご住所：〒＿＿＿＿＿＿＿＿＿＿＿＿＿＿＿＿＿＿＿＿

お名前：＿＿＿＿＿＿＿＿＿＿　メール：＿＿＿＿＿＿＿＿＿＿

ＴＥＬ：＿＿＿＿＿＿＿＿＿＿　ＦＡＸ：＿＿＿＿＿＿＿＿＿＿

ご記入頂いた個人に関する情報は、当社にて厳重に管理致します。弊社の個人情報取り扱いに関する詳細は、www.nichigaku.jp/policy.php の「個人情報の取り扱い」をご覧下さい。

分野別 小学入試練習帳 ジュニアウォッチャー

1．点・線図形	小学校入試で出題頻度の高い『点・線図形』の模写を、難易度の低いものから段階別に幅広く練習することができるように構成。
2．座標	図形の位置模写という作業を、難易度の低いものから段階別に練習できるように構成。
3．パズル	様々なパズルの問題を難易度の低いものから段階別に練習できるように構成。
4．同図形探し	小学校入試で出題頻度の高い、同図形選びの問題を繰り返し練習できるように構成。
5．回転・展開	図形などを回転、または展開したとき、形がどのように変化するかを学習し、理解を深められるように構成。
6．系列	数、図形などの様々な系列問題を、難易度の低いものから段階別に練習できるように構成。
7．迷路	迷路の問題を繰り返し練習できるように構成。
8．対称	対称に関する問題を４つのテーマに分類し、各テーマごとに問題を段階別に練習できるように構成。
9．合成	図形の合成に関する問題を、難易度の低いものから段階別に練習できるように構成。
10．四方からの観察	もの（立体）を様々な角度から見て、どのように見えるかを推理する問題を段階別に整理し、１つの形式で複数の問題を練習できるように構成。
11．いろいろな仲間	ものや動物、植物の共通点を見つけ、分類していく問題を中心に構成。
12．日常生活	日常生活における様々な問題を６つのテーマに分類し、各テーマごとに一つの問題形式で複数の問題を練習できるように構成。
13．時間の流れ	『時間』に着目し、様々なものごとは、時間が経過するとどのように変化するのかということを学習し、理解できるように構成。
14．数える	様々なものを『数える』ことから、数の多少の判定やかけ算、わり算の基礎までを練習できるように構成。
15．比較	比較に関する問題を５つのテーマ（数、高さ、長さ、量、重さ）に分類し、各テーマごとに問題を段階別に練習できるように構成。
16．積み木	数える対象を積み木に限定した問題集。
17．言葉の音遊び	言葉の音に関する問題を５つのテーマに分類し、各テーマごとに問題を段階別に練習できるように構成。
18．いろいろな言葉	表現力をより豊かにするいろいろな言葉として、擬態語や擬声語、同音異義語、反意語、数詞を取り上げた問題集。
19．お話の記憶	お話を聴いてその内容を記憶、理解し、設問に答える形式の問題集。
20．見る記憶・聴く記憶	「見て憶える」「聴いて憶える」という『記憶』分野に特化した問題集。
21．お話作り	いくつかの絵を元にしてお話を作る練習をして、想像力を養うことができるように構成。
22．想像画	描かれてある形や景色に好きな絵を描くことにより、想像力を養うことができるように構成。
23．切る・貼る・塗る	小学校入試で出題頻度の高い、はさみやのりなどを用いた巧緻性の問題を繰り返し練習できるように構成。
24・絵画	小学校入試で出題頻度の高い、お絵かきやぬり絵などクレヨンやクーピーペンを用いた巧緻性の問題を繰り返し練習できるように構成。
25．生活巧緻性	小学校入試で出題頻度の高い日常生活の様々な場面における巧緻性の問題集。
26．文字・数字	ひらがなの清音、濁音、拗音、拗長音、促音と１～20までの数字に焦点を絞り、練習できるように構成。
27．理科	小学校入試で出題頻度が高くなりつつある理科の問題を集めた問題集。
28．運動	出題頻度の高い運動問題を種目別に分けて構成。
29．行動観察	項目ごとに問題提起をし、「このような時はどうか、あるいはどう対処するのか」の観点から問いかける形式の問題集。
30．生活習慣	学校から家庭に提起された問題と思って、一問一問絵を見ながら話し合い、考える形式の問題集。

31．推理思考	数、量、言語、常識（含理科、一般）など、諸々のジャンルから問題を構成し、近年の小学校入試問題傾向に沿って構成。
32．ブラックボックス	箱や筒の中を通ると、どのようなお約束でどのように変化するかを推理・思考する問題集。
33．シーソー	重さの違うものをシーソーに乗せた時どちらに傾くのか、またどうすればシーソーは釣り合うのかを思考する基礎的な問題集。
34．季節	様々な行事や植物などを季節別に分類できるように知識をつける問題集。
35．重ね図形	小学校入試で頻繁に出題されている「図形を重ね合わせてできる形」についての問題を集めました。
36．同数発見	様々な物を数え「同じ数」を発見し、数の多少の判断や数の認識の基礎を学べるように構成した問題集。
37．選んで数える	数の学習の基本となる、いろいろなものの数を正しく数える学習を行う問題集。
38．たし算・ひき算１	数字を使わず、たし算とひき算の基礎を身につけるための問題集。
39．たし算・ひき算２	数字を使わず、たし算とひき算の基礎を身につけるための問題集。
40．数を分ける	数を等しく分ける問題です。等しく分けたときに余りが出るものもあります。
41．数の構成	ある数がどのような数で構成されているか学んでいきます。
42．一対多の対応	一対一の対応から、一対多の対応まで、かけ算の考え方の基礎学習を行います。
43．数のやりとり	あげたり、もらったり、数の変化をしっかりと学びます。
44．見えない数	指定された条件から数を導き出します。
45．図形分割	図形の分割に関する問題集。パズルや合成の分野にも通じる様々な問題を集めました。
46．回転図形	「回転図形」に関する問題集。やさしい問題から始め、いくつかの代表的なパターンから、段階を踏んで学習できるよう編集されています。
47．座標の移動	「マス目の指示通りに移動する問題」と「指示された数だけ移動する問題」を収録。
48．鏡図形	鏡で左右反転させた時の見え方を考えます。平面図形から立体図形、文字、絵まで。
49．しりとり	すべての学習の基礎となる「言葉」を学ぶこと、特に「語彙」を増やすことに重点をおき、さまざまなタイプの「しりとり」問題を集めました。
50．観覧車	観覧車やメリーゴーラウンドなどを舞台にした「回転系列」の問題集。「推理思考」分野の問題ですが、要素として「図形」や「数量」も含みます。
51．運筆①	鉛筆の持ち方を学び、点線なぞり、お手本を見ながらの模写で、線を引く練習をします。
52．運筆②	運筆①からさらに発展し、「欠所補完」や「迷路」などを楽しみながら、より複雑な鉛筆運びを習得することを目指します。
53．四方からの観察 積み木編	積み木を使用した「四方からの観察」に関する問題を練習できるように構成。
54．図形の構成	見本の図形がどのような部分によって形づくられているかを考えます。
55．理科②	理科的知識に関する問題を集中して練習する「常識」分野の問題集。
56．マナーとルール	道路や駅、公共の場でのマナー、安全や衛生に関する常識を学べるように構成。
57．置き換え	さまざまな具体的・抽象的事象を記号で表す「置き換え」の問題を扱います。
58．比較②	長さ・高さ・体積・数などを数学的な知識を使わず、論理的に推測する「比較」の問題を練習できるように構成。
59．欠所補完	線と線のつながり、欠けた絵に当てはまるものなどを求める「欠所補完」に取り組める問題集です。
60．言葉の音（おん）	しりとり、決まった順番の音をつなげるなど、「言葉の音」に関する問題に取り組める練習問題集です。

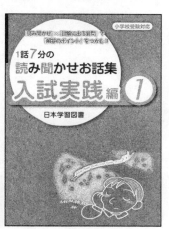

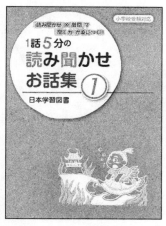

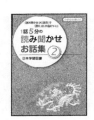

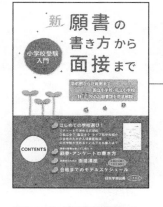

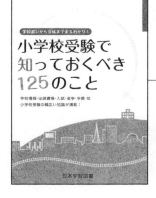

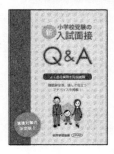

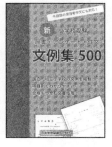

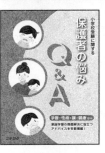

家庭学習をトータルサポート！ ニチガクのオリジナル 効果的 学習法

1 まずは アドバイスページを読む！

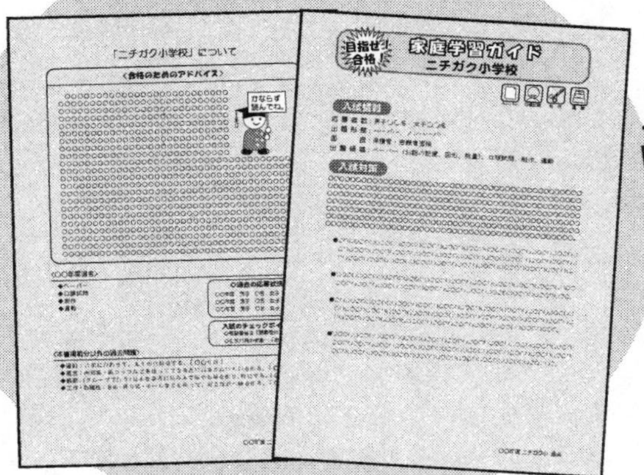

ピンク色です

対策や試験ポイントがぎっしりつまった「家庭学習ガイド」。しっかり読んで、試験の傾向をおさえよう！

2 問題をすべて読み、出題傾向を把握する

3 「学習のポイント」で学校側の観点や問題の解説を熟読

4 はじめて過去問題にチャレンジ！

5 プラスα 対策問題集や類題で力を付ける

過去問のこだわり

最新問題は問題ページ、イラストページ、解答・解説ページが独立しており、お子さまにすぐに取り掛かっていただける作りになっています。

ニチガクの学校別問題集ならではの、学習法を含めたアドバイスを利用して効率のよい家庭学習を進めてください。

各問題のジャンル

問題7 分野：図形（図形の構成） Aグループ男子

〈解答〉 下図参照

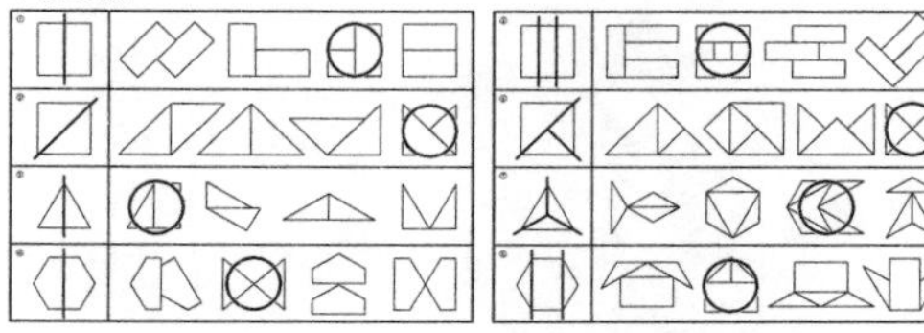

図形の構成の問題です。解答時間が圧倒的に短いので、直感的に答えないと全問答えることはできないでしょう。例年ほど難しい問題ではないので、ある程度準備をしたお子さまなら可能のはずです。注意すべきなのはケアレスミスで、「できないものはどれですか」と聞かれているのに、できるものに○をしたりしてはおしまいです。こういった問題では基礎とも言える問題なので、もしわからなかった場合は基礎問題を分野別の問題集などでおさらいしておきましょう。

【おすすめ問題集】
★ニチガク小学校図形攻略問題集①②★（書店では販売しておりません）
Jr・ウォッチャー9「合成」、54「図形の構成」

学習のポイント

各問題の解説や学校の観点、指導のポイントなどを教えます。
今日から保護者の方が家庭学習の先生に！

おすすめ対策問題集

分野ごとに対策問題集をご紹介。苦手分野の克服に最適です！
＊専用注文書付き。

2024年度版 追手門学院小学校
関西大学初等部 過去問題集

発行日 2023年6月16日
発行所 〒162-0821 東京都新宿区津久戸町3-11-9F
日本学習図書株式会社
電 話 03-5261-8951 ㈹

ISBN978-4-7761-5516-4
C6037 ¥2300E
定価2,530円
(本体2,300円+税10%)
9784776155164
1926037023005

詳細は http://www.nichigaku.jp 日本学習図書 検索